Giuseppe Marino

Una vita da favola.

Anno 2018

Copertina e illustrazioni di Alessandro Goldin

I

Autori e collaboratori

❖ **Giuseppe Marino**. Si laurea in Psicologia presso l'Università degli Studi di Pavia. La sua carriera professionale ha inizio in ambito sanitario, prima in Ospedale Ca' Granda Niguarda a Milano e successivamente all'IRCCS Policlinico S. Matteo di Pavia, dove ottiene una borsa di studio come ricercatore. Parallelamente si specializza in ambito clinico e sui disturbi mentali. Nel 2017, in collaborazione con Croce Rossa Italiana, pubblica *"Cara Dipendenza – La droga attraverso gli occhi di un ragazzo"*, manuale divulgativo per sensibilizzare i giovani sui disturbi di dipendenza. Vive a Stradella, una piccola città dell'Oltrepò Pavese, dove gestisce come terapeuta uno studio clinico-psicologico. Oltre a dedicarsi alla cura dei propri pazienti, s'impegna costantemente nella formazione, nella psico-educazione e nella promozione del benessere, individuale e di gruppo, su tutto il territorio nazionale.

❖ **Alessandro Goldin**. Illustrazioni e grafica. Si laurea in Design del Prodotto Industriale presso il Politecnico di Milano; nel 2015 consegue un master in *"Transportation & Automobile Design"*. La sua esperienza professionale, legata al mondo della comunicazione, gli consente di potenziare le sue competenze in ambito grafico-illustrativo e avvicinarsi al mondo del web. Ad oggi collabora con diverse agenzie per lo sviluppo di progetti di comunicazione online e offline.

Ringraziamenti

Questo libro è frutto di una vivissima collaborazione.

Ogni *"Grazie"* che segue non è solo il riconoscimento e il mio personale affetto verso chi si è attivamente impegnato alla redazione del testo – ma anche la testimonianza di una peculiare particella cromosomica, fondamentale per mappare l'intero genoma del libro. Senza il contributo di una sola di queste persone, i capitoli che seguono non avrebbero per me lo stesso trasporto emotivo.

Allora, **Grazie a...**

Mia zia Camilla; per aver innestato una piccola gemma del suo immenso Amore per la cultura in ogni giovane arbusto della nostra famiglia, me compreso.

Grazie a Maria Antonella, Maria Elisabetta, Silvia, Diego, Hector, Matilde, Rocco, Maria, Davide, Erika, Noemi, Marco, Paola, Vittoria, Renata, Valeria, Mattia, Jennifer, Bruno, Sara, Nicola, Anna e tutti coloro che hanno partecipato a quegli incontri, che ora sono l'ossatura del libro. Il vostro entusiasmo, il vivace interesse e il desiderio di confronto, arricchiscono queste pagine: attorno al fuoco abbiamo riscoperto assieme il significato dell'essere "umani".

Alla Dott.ssa Marta Marchetti, alla Dott.ssa Irene Maragna, alla Dott.ssa Federica Grossi e alla Dott.ssa Cristina Mantese va la mia gratitudine per l'appassionato contributo professionale che hanno spontaneamente donato al progetto.

Laura Maggi e Celeste Poma saranno due grandi psicologhe; durante tutto il percorso mi hanno supportato e sopportato. Senza di loro la strada sarebbe stata più faticosa.

Grazie a Shary e a Jennifer: la loro preziosa curiosità ha contribuito alla maturazione di ogni parola custodita all'interno di ogni capitolo.

Grazie a mio padre, che con il suo inestimabile Amore mi sostiene, praticamente da sempre. Mia madre mi ha trasmesso la costanza necessaria a perseguire i sogni. Sara ed Ettore siete parte del mio cuore.

Grazie a un tè alla vaniglia custodito sottochiave; perché chi non chiude bene le porte non ha cura del proprio passato.

Amore grazie, di tutto.

Indice

X

Prefazione

A cura di Bruno Civardi

A monte di un libro vi sono spesso circostanze casuali, che possono apparire, perché no, con i bizzarri colori della magia. O di qualcosa che le assomiglia. L'Autore racconta che una sera, seduto davanti al suo pc, stava pensando a quali contenuti postare... cercava qualcosa che fosse originale, ma nel contempo utile, per il caro e variegato pubblico dei followers: lui è un giovane dottore in psicologia, intende conciliare nelle sue comunicazioni social le esigenze della serietà professionale con quelle di una moderna, liberissima espressività. Ed ecco (epifania provvidenziale) che s'accorge di un vecchio libro, dimenticato non si sa come né quando, in un angolo della sua stessa scrivania. Si trattava delle Favole di Esopo. Comincia a sfogliarlo e ne viene catturato immediatamente, totalmente, al punto di trascorrere l'intera nottata ben desto e lucido tra quelle pagine così inopinatamente ritrovate.

Nasce da qui l'idea di un percorso letterario-psicologico, affrontato dapprima in vivo, in una serie di coinvolgenti incontri con le persone, e poi rimeditato e riproposto in questo bel libro, *"Una vita da favola"*, che ne è testimonianza e verifica insieme.

Affermare il valore perenne dei classici, al di là dei tempi e dei luoghi, non è retorica, ma verità. Ed Esopo, padre della favola, il genere fra tutti più popolare e universale, è in tal senso un grande classico, nonostante la semplicità o, se si vuole, l'umiltà del suo stile: anzi, proprio per questo, Esopo ha parlato a chiunque e continua a farlo benissimo. Ogni sua pagina sapit hominem, "sa di uomo". Così dicevano i Latini. E questo sapore d'uomo è sapienza, l'umile ma fondamentale sapienza dei popoli.

Le favole esopiane (e quelle dei suoi continuatori: Fedro, La Fontaine, Meli, Trilussa) hanno uno scopo educativo e didascalico. Rappresentano situazioni, di solito estreme, talvolta comuni, che in ogni caso inducono i personaggi ad una scelta morale, o almeno a riflettere criticamente sulla scelta già operata. Ciò si riverbera sulla psicologia dei personaggi stessi, sulla vivacità e l'emotività della vicenda inventata. Il risultato è migliore quanto più essenziale è la situazione svolta: le favole più brevi sono quasi sempre le più acute, senza che tale *brevitas* comprometta i caratteri della vita reale. È il caso de *"La volpe e l'uva"*, la favola da cui parte il viaggio psicologico di Marino: una favola sottile, ironica, psicologicamente finissima nella sua semplicità. Essa smaschera tutti noi, quando ci lasciamo tentare dall'autoinganno e ci assolviamo dalle nostre insufficienze, mostrando con una lieve scrollata di spalle quanto poco siamo responsabili e autentici.

Marino prende spunto dalle favole di Esopo e tramite quelle discopre via via le dinamiche, buone e meno buone, che muovono la nostra psiche. Ci indica così la via per governare meglio la nostra vita.

A qualcuno può apparire curioso che, nella nostra lingua, sapienza e sapore abbiano la stessa radice. Marino lo sa bene, e va percorrendo la via della scienza (l'eterna *sapientia*) cercandone contemporaneamente il sapore, con l'obiettivo di farlo gustare a chi s'accompagni con lui. E a dare sapore contribuisce senz'altro un aspetto ben presente nelle favole esopiane come nella cultura e nella personalità stessa di Giuseppe Marino: l'amore per il teatro.

Gli animali delle favole sono attori, comici o tragicomici, di fulminee gag, dicitori di lampeggianti battute, tanto che Esopo sembra a tratti e a buon diritto un precursore del meglio di Zelig… ma anche Marino ama e frequenta le scene, e sa guidare con maestria laboratori teatrali dove le sue competenze di psicologo intervengono ad aiutare il gruppo nella difficile arte di tirar fuori, dal corpo e dall'anima, ciò che vi si è rifugiato troppo dentro. Lui stesso interpreta, con pari intensità, ruoli comici o tragici, ben consapevole che si tratta delle facce di una sola medaglia. Non è insignificante precisare che il suo teatro è sempre rielaborazione di grandi opere classiche, a conferma del binomio umanesimo-scienza che egli ha fatto proprio. Questo libro ne è un ulteriore esempio e ci conferma la fortunata presenza nella nostra città di un giovane e brillante professionista, che sa dar vita a percorsi originali e innovativi, scientificamente irreprensibili, ma aperti all'interazione con la cultura umanistica.

Attivissimo, Giuseppe Marino sta già lavorando ad altri splendidi progetti di educazione degli adulti. Ringraziamolo e partecipiamo.

Bruno Civardi

Le favole ai tempi di Facebook!

Come nasce l'idea di un libro di psicologia incentrato sulle favole di Esopo...

Tutto inizia dalla mia pagina Facebook *Giuseppe Marino - Psicologo*. Un giorno stavo riflettendo su quali contenuti postare. Tendenzialmente utilizzo una scaletta: il mio lavoro e gli impegni quotidiani non mi consentono sempre di gestire in diretta la piattaforma social. Tuttavia, anche quando pubblico in modalità automatica, cerco sempre di seguire un filo logico che possa interessare e stimolare la riflessione.

Così, la scelta dei contenuti non è mai banale: deve appassionare e magari incuriosire; deve essere di qualità, sia per la forma che per la sostanza; deve essere personale, ma parallelamente deve piacere anche al pubblico. O almeno ci si prova, ecco...

Mentre studiavo quali potessero essere le soluzioni migliori per un ipotetico calendario dei post, noto a fianco del pc un vecchio libro di favole di Esopo.

Non ti so dire se fosse un regalo di una cara zia, oppure un piccolo "furto" di gioventù: un tesoro sottratto da una delle sue splendide librerie... mi distrassero le sue pagine ingiallite e profumate di ricordi. Lo aprii e cominciai a leggere.

La prima favola che mi capitò a tiro fu quella della volpe e dell'uva acerba...

Poi lessi quella delle piante d'ulivo, poi quella del cigno e del suo padrone. Come quel libro fosse finito sulla mia scrivania solo il cielo lo sa, ma quel caso fu per me un'illuminazione.

Durante il mio percorso di studi accademici, le lezioni che ricordo con maggior piacere sono quelle che riuscivano ad intrecciare gli argomenti di psicologia con la vita di tutti i giorni, quando la valida teoria s'accostava ad un concetto più leggero. Allora le ore sui banchi correvano sempre più spedite e al termine della giornata mi spiaceva richiudere i volumi.

Il libro che raccoglie le favole di Esopo l'ho letto tutto di un fiato!

Mi ci è voluto davvero poco a terminare il libro di Esopo: una notte passata magnificamente insonne. Al mattino ero entusiasta. Mi sentivo affamato di vita: come quando si concludevano quelle belle lezioni in università di cui ti ho parlato, quelle tra teoria e quotidiano.

Le trame delle favole ricalcano il vivere di tutti i giorni, eppure sono ricchissime di precetti, spazi di riflessione ed insegnamenti. Si parla di salute, di famiglia, d'amore, di casa, lavoro e di tanto, tanto altro ancora. Sono speciali.

Inoltre, la favola ha una struttura particolare: si adatta bene al nostro attuale stile comunicativo.

⇨ È rapida, è veloce, arriva subito. Se vogliamo, è molto simile al post o all'immagine che condividiamo sui social. A differenza però dei post che scorrono lungo le nostre home di Facebook, la favola ha una qualità superiore. Alcune favole, difatti, hanno scavalcato i secoli e sono tutt'ora valide e ricche di significati!

Ma tornando all'incontro fortunato...

Decisi di lanciarmi in una piccola avventura: stimolare la riflessione sul web e dare ogni giorno un piccolo spunto di pensiero. Per un anno intero, ogni giorno ho pubblicato sui social una favola di Esopo.

Ebbene, le favole ebbero il loro piccolo successo, ma quello che mi ha incuriosito di più non sono state tanto le interazioni digitali, quanto le domande che la gente mi faceva per strada e i pensieri che spesso le persone condividevano con me, partendo appunto dalle favole. Così, a quasi sei mesi dalla pubblicazione della prima favola su Facebook, decisi che l'abito esclusivamente virtuale stava un po' stretto.

Forse si poteva tentare un ulteriore passo in avanti: un progetto che potesse coinvolgere direttamente le persone.

Tra le pareti del mio studio, organizzai una serie di incontri rivolti a tutti, toccando moltissimi argomenti di psicologia e mantenendo sempre come ossatura il racconto della favola.

Le serate a tema furono davvero strepitose. I partecipanti riempivano la stanza e seguivano attivamente gli incontri. Il loro entusiasmo influenzò significativamente ogni momento di condivisione. Tutto questo ebbe un tale successo che fui costretto a statuire il numero chiuso per conservare il clima raccolto che incorniciava gli appuntamenti. Le riflessioni? Tantissime. Le domande? Infinite. Le favole erano riuscite a rimettere in piazza le persone: un progetto nato sul web si era tramutato in un contesto vivo, frontale e decisamente umano! Nell'aria s'avvertiva qualcosa, una sensazione che a me piace paragonare (anche solo un poco) allo stupore che per Platone vi era nella contemplazione di ciò che è bello e naturale. Forse il clima non era proprio così catartico, ma t'assicuro che era davvero magico.

Da questa piena carica di curiosità e meravigliosa ricchezza, nasce su un terreno decisamente fertile la volontà di scrivere un libro...

⇨ Che possa intrecciare i grandi temi di psicologia con i piccoli – ma altrettanto significativi – momenti del nostro vivere quotidiano;

⇨ Che stimoli la parola, il dialogo, il confronto: sia interiore, che con gli altri;

⇨ Che promuova il ritorno, o quantomeno la cura della relazione umana – vissuta in strada, attorno ai tavoli, guardandosi realmente negli occhi;

⇨ Che aiuti la ricerca di chiavi di lettura alternative, con le quali aprire nuove porte della nostra vita su panorami sempre più ricchi e autentici;

Questo è un libro che parla di psicologia attraverso le favole.

Un simpatico esperimento nato da un libro ingiallito che profuma di ricordi...

Una vita
da favola.

Esopo, lo sfigato che ce l'ha fatta!

C'era una volta, non si sa bene dove, un bambino storto, brutto e gobbo...

Esopo era potenzialmente scalognato. Nonostante oggi la sua fama sia assolutamente assodata e il suo nome conosciuto in tutto il mondo, le premesse su cui germoglia il mito di Esopo... beh, diciamo che non lo davano esattamente come un cavallo vincente!

Ma gli dei avevano pensato grandi cose per Esopo...

Per cominciare, Esopo nacque storto, brutto e gobbo. Le cronache di allora ce lo descrivono come un ometto grasso, con la testa sporgente, il naso schiacciato e un labbrone ciondolante; basso e con i piedi piatti. La sua fama letteraria fu solo successiva alle innumerevoli chiacchiere che accompagnavano quotidianamente la sua deformità. La sua bruttura era riconosciuta a tal punto, che gli fu persino dedicata una statua, oggi conservata a Villa Albani a Roma.

Si dice che inizialmente non fosse neppure molto bravo a parlare.

- Insomma, ai tempi dell'armonia e delle sezioni auree, la figura deforme di Esopo si stagliava agghiacciante come un pugno nell'occhio!

Ma gli dei avevano pensato grandi cose per Esopo...

Il poeta non era di certo nato sotto la migliore delle stelle. Se proprio vogliamo dirla tutta, alcuni studiosi sostengono che Esopo non sia neppure mai esistito e che le favole di cui è ritenuto autore, siano in verità frutto di più penne e solo successivamente vennero raccolte tutte sotto il suo nome.

Ammessa invece la sua esistenza, ci sono forti dubbi sulla terra d'origine. Qualcuno pensa sia nato in Tracia; c'è chi dice in Egitto, chi in Etiopia o a Sardi, una città dell'Asia Minore. Altri affermano che le radici di Esopo possano essere ateniesi; ultimamente si è avanzata l'ipotesi che lo scrittore sia di madrepatria africana. Il dibattito è tuttavia ancora aperto.

- Attendendo dati più sicuri, attualmente la storia del nostro poeta comincia pressappoco così: "C'era una volta, non si sa bene dove, un bambino storto, brutto e gobbo...".

Ma gli dei avevano pensato grandi cose per Esopo...

Nonostante gli studiosi si bisticcino sulle terre che diedero alla luce quest'uomo, su una cosa invece troviamo tutti d'accordo: qualunque sia stata la sua regione natale, il caro Esopo era certamente uno schiavo (di bene in meglio, eh?).

Uno schiavo all'epoca dei greci non se la passava benissimo. Libertà pari a zero, diritti risicati, possibilità di essere comprati, venduti e persino affittati; e poi un'enorme "to do list" di faccende da sbrigare, compiti da portare a termine, campi da zappare e miniere da scalpellare. Ogni prestazione poteva poi essere incoraggiata da ingenti frustate e penitenze corporali.

- In Grecia, Esopo servì come schiavo un certo Xanthos, dell'isola di Samo. Xanthos significa *"capelli d'oro"* ... insomma, oltre al danno la beffa.

Ma gli dei avevano pensato grandi cose per Esopo, anche se Esopo cominciava a dubitarne...

Finalmente, ecco il riscatto! Negli anni Esopo cominciò a farsi più astuto, più furbo ed eloquente. A poco a poco, con costanza, Esopo si allenò nel ragionamento, affinò le proprie elucubrazioni e si impratichì nella dialettica. Divenne tanto bravo nel meditare, che certe volte riuscì ad incalzare persino il suo padrone. Aristotele, nel secondo volume della *"Retorica"*, ci racconta delle imprese di Esopo; nei resoconti rinvenuti sembra persino che in quegli anni il servo-cantastorie abbia ottenuto la libertà, concessa per le sue nascenti qualità poetiche.

A seguire il successo: Esopo cominciò a viaggiare in lungo e in largo, dispensando favole a chiunque incontrasse.

Avviò una tournée che lo portò alla corte di Creso, dove conobbe Solone. La sua fama crebbe a dismisura. Si trasferì a Corinto e lì ebbe modo di incontrare di persona i sette saggi: ovvero i big dell'antica Grecia, le sette persone più importanti del Peloponneso.

- Ormai era fatta: Esopo era una celebrità! Tutti conoscevano la storia dello schiavo-poeta. Non c'era spartano che non raccontasse la favola del *"cavallo e del soldato"*, né ateniese che non ricordasse la morale del *"Le rane vogliono un re"* (citata anche in questo libro a pag. 160). Non si sapeva sotto quale cielo fosse nato? Non importava più a nessuno: adesso la stella era lui!

Ma proprio quando la Fortuna sorride, ecco il colpo di scena...

Trasportato dall'entusiasmo, Esopo decide di inserire nel suo programma una tappa a Delfi, città un po' ostile al sarcasmo e decisamente poco incline all'ironia e ai doppi sensi. Esopo fissò comunque alcune date nella città della Focide, convinto che sarebbe andato tutto alla grande: il seguito prova che aveva torto.

- Secondo alcune ricostruzioni, gli abitanti di Delfi, indispettiti dai modi di fare di Esopo e/o da alcuni suoi gesti sacrileghi, lo giustiziarono e lo condannarono a morte. Qualcuno dice che fu massacrato dalla folla, chi decapitato; qualcun altro racconta che fu gettato da una rupe: ciò che è certo è che Esopo fece una fine orrenda!

A quel punto qualche dio, finalmente, pensò ad Esopo! ...

Apollo, che aveva casa a Delfi, sentendo del gran baccano oltre il giardinetto, si accorse di quanto stava accadendo. Purtroppo, tempo di poggiare la vestaglia e mettersi qualcosa addosso, il dramma si era già compiuto: Esopo era stato giustiziato.

- Spinto dal senso di colpa, per alleggerire il peso della propria coscienza, Apollo punì tutti gli abitanti con un'orribile pestilenza. Esopo, comunque, era bell'e morto. Per lo scrittore non c'era più nulla da fare: era tutto finito.

Ma è davvero tutto finito? Io non credo proprio.

Ad oggi, Esopo è una vera e propria Leggenda. Come per ogni leggenda è quasi naturale che vi siano dei dubbi sul fatto che sia esistito: è sempre difficile credere che gente come Esopo,

Brunelleschi, Ray Charles abbiano davvero passeggiato su questa terra come facciamo noi oggi.

Brutto? Può darsi. Schiavo? Non lo ha scelto. Esopo è uno che si è fatto da zero! Oggi diremmo che è "uno con gli attributi". Ciò nonostante, pochi sanno della sua vera gavetta. Proprio come il mito di Steve Jobs, che ha cominciato la sua carriera dentro un garage per automobili, così anche Esopo si è fatto strada tra le frustate e i dittatori.

Oggi non c'è persona al mondo che non colleghi subito il genere della favola al nome di Esopo. Sono passati 2500 anni.

Nella sua vita Esopo ha pensato e scritto ben 358 favole (quasi una al giorno per un anno, festività escluse). Molte favole sono diventate poi esempi celebri: pensiamo a quella della volpe e dell'uva o alla cicala e la formica. In lungo e in largo, per secoli e secoli, il successo di Esopo è balzato di bocca in bocca, di penna in penna. Non si dice, ma tanti altri scrittori presero "parecchio spunto" dai suoi racconti: i due più celebri *"copioni"* furono Fedro e Jean de la Fontaine. Insomma, da schiavo a maestro.

Per concludere possiamo dire con certezza che Esopo è uno che ce l'ha fatta!

Esopo ha stravolto un incipit sfavorevole, portandolo progressivamente a proprio vantaggio: è la scintilla di speranza per tutti.

⇨ Con la sua storia, ci dice: «Ragazzi, nonostante a volte sembra che tutto vada storto, credetemi che ce la si può fare! Volete un consiglio? Ve ne do molti di più: 358! Un libro intero di favole.».

La sua determinazione, la sua curiosità e la sua grinta hanno fatto di quest'uomo un geniale modello di riscatto che è perdurato nel tempo.

Una favola per tutto… e per tutti!

Un vademecum di psicologia fatto di favole, ricordi e "connessioni Internet" …

Ora veniamo a noi.

Cosa collegare le favole di Esopo alla vita di tutti i giorni?

Fin dai primi anni di scuola ce lo insegnano: «La favola è un racconto a sfondo morale e solitamente vede come protagonisti gli animali - **ci diceva la maestra -** qualche volta fanno la loro apparizione gli dei; in altre favole gli attori principali sono piante ed arbusti. Ciò che però importa è che le favole sono piccoli racconti in prosa che analizzano l'essere umano e la vita di tutti i giorni. Spesso sono simpatiche e divertenti, ma certe possono essere anche tragiche o drammatiche. Tutte quante sono ricche d'insegnamenti particolari».

Ok, non sono propriamente quel genere di testi che siamo abituati a considerare dei capolavori di letteratura! Sono ripetitive e stereotipate, non si contraddistinguono per un linguaggio audace e non contengono eleganti finezze stilistiche. La loro sintassi è estremamente semplice. Tutto questo riduzionismo ha comunque della logica, perché lo scopo delle favole è un altro: in pochi versi, le favole vogliono far luce sulla natura dell'uomo, sia nel bene che nel male. E caspita ci riescono da più di 2500 anni!

La storia delle favole è difatti antichissima. Già gli assiri e i babilonesi le utilizzavano; dall'antico Oriente sembra che poi abbiano percorso l'India, l'Asia Minore e siano approdate sulle spiagge della Grecia, dove gli antichi ellenici diedero vita all'importante tradizione esopica.

Esopo, Fedro, Jean de La Fontaine: i secoli passano, ma le favole rimangono.

Ancora oggi, nonostante i millenni, questi piccoli racconti sono parte integrante della nostra cultura, perdurano e mantengono, se non sempre la loro validità morale, certamente la loro potente capacità riflessiva!

Rileggendo le favole in chiave moderna e influenzato dal background della mia professione (sono un appassionato psicologo), ho ri-scoperto nella lettura di Esopo una meravigliosa mappa che potrebbe aiutarci a:

- Migliorare il nostro stile di vita;
- Riflettere sul mondo che ci circonda;
- Perfezionare il nostro modo di relazionarci con gli altri;
- Raggiungere i nostri obiettivi.

E molto, molto altro ancora...

Sotto forma di cervi, delfini e coccodrilli, Esopo ci ha lasciato un'immensa enciclopedia dell'essere umano. Forse non era propriamente uno psicologo, ma il nostro cantastorie greco doveva aver chiaro che la psicologia ci sprona a riflettere sulla nostra natura e che lo spazio d'esperienza è tra le materie più significative per imparare una lezione su noi stessi e sugli altri.

Le favole e i loro animali rappresentano pregi e difetti degli esseri umani: dalla stupidità della rana, all'aggressività del lupo; dall'operosità del mulo, fino alla dolcezza materna della talpa... ogni racconto stimola una meditazione, più o meno complessa, sulla psiche e i comportamenti di tutti i giorni.

Così, ho pensato di parafrasare in chiave semi-psicologica le favole; utilizzando un linguaggio divulgativo, che possa accomodare anche le esigenze del lettore meno allenato, ma senza voler scadere nella chiacchiera o nel banale. Si sfioreranno tanti temi e molti argomenti di psicologia, intersecandoli alla cultura esopica e spiegandoli attraverso le favole. È possibile che una tartaruga possa darci qualche buon consiglio su come vivere al meglio le nostre giornate? Leggere per credere!

Nel tentativo di ringraziare la rete internet, che ha accompagnato le prime fasi di questo viaggio, e per agevolare gli occhi di tutti alla lettura – ormai abituati alle pagine dei siti - ho volutamente allineato a sinistra il testo delle pagine. Non l'ho insomma giustificato, come invece si fa solitamente. Il risultato di tutti questi tentativi, di ogni decisione stilistica e della scelta didattica, è ciò che segue del libro!

Buona lettura, buona riflessione, buon divertimento!

Si comincia!!

Noi, la volpe e l'uva

Vogliamo darci la possibilità di raccogliere il nostro grappolo d'uva?

C'era una volta una volpe affamata che vide un bel grappolo d'uva; il frutto pendeva giù da un pergolato.

Allora, tentò di afferrarlo, ma non vi riuscì. «Quell'uva è acerba!» disse fra sé... e dopo si allontanò.

Questa è la prima favola che ti propongo: forse è una tra i racconti più celebri di Esopo e della storia dell'uomo! Si parla di responsabilità. Devo essere sincero, non ho fatto troppa fatica a sceglierla e credo che sia la miglior "bottiglia" per varare la nave che ci condurrà attraverso gli oceani della psicologia.

Quante volte ti è capitato di voler mollare tutto quanto?

Capita spesso e capita a tutti. Ci sono momenti nella vita di ognuno in cui capita che, di fronte a un ostacolo – più o meno grande – ci si faccia prendere dalla voglia di mandare tutto a quel paese! Quante volte hai rinviato un problema? Quante ancora hai trascurato una determinata situazione? E poi, cosa è accaduto?

La favola della volpe e dell'uva vuole metterci in guardia come lettori. Esopo sembra dirci a grand'eco dalle terre dell'Ade (immagina di leggerlo quindi con tutta l'enfasi che metteresti nell'ascoltare un fantasma dei racconti di Dickens):

«Fai attenzione: leggere è solo il principio!».

La psicologia difatti, come del resto molte altre materie di studio, ha questa particolare controindicazione per cui la sola teoria non basta a cogliere appieno le potenzialità di ciò che viene raccolto tra le pagine dei libri che la trattano.

Occorrono almeno tre ingredienti principali, e la favola della volpe sembra proprio metterli bene in evidenza:

1. Analizza con cura il tuo bisogno;
2. Individua con precisione il tuo obiettivo;
3. Sii responsabile delle tue azioni;

Nel libro parleremo di tantissimi argomenti (nel prossimo capitolo ti indicherò la struttura che ho scelto per raccogliere i temi principali), eppure nessuna di queste pagine potrà davvero aiutarti se non comincerai a cambiare concretamente, nelle azioni di tutti i giorni. Ogni capitolo sarà come un albero o una vigna carichi di frutta. Le favole ci aiuteranno a coglierne i profumi, le qualità, i tempi di maturazioni e – qualche volta – anche le malattie e i disturbi che possono intaccare i nostri raccolti, ma per poter gustare appieno ogni frutto occorrerà chiudere il libro e gettarsi nel mondo.

La favola della volpe e dell'uva è un buon inizio.

Esopo ci parla di una responsabilità buona, sana, lontana da quel senso di oppressione a cui siamo soliti accostare questo termine. Essere responsabili significa essere attivamente coscienti di ciò che ci sta accadendo attorno. Questo può portare a dei fallimenti, e allora significherà che abbiamo ancora qualcosa su cui lavorare; ma porterà anche a tantissimi successi: e non c'è cosa più bella di poter dire "Io ce l'ho fatta!".

La prima morale con cui apriamo insieme questo viaggio verso una vita da favola è questa: se vuoi cambiare il mondo, comincia col modificare le tue azioni. Comincia da te!

Una piramide che punta a noi!

Breve introduzione alla "struttura" del libro!

Ci sono davvero tantissimi argomenti di cui si può parlare in un libro di psicologia generale. Stiamo parlando della disciplina che ha come oggetto di studio il comportamento, la mente, i processi psichici e cognitivi.

Traducendo dal greco "psicologia" ci troveremo di fronte ad una parola composta da:

- ψυχή (*psiché*): ovvero anima;
- λογος (*logos*): che significa dottrina, ma anche discorso.

La psicologia è la dottrina che ha come principio lo studio dell'anima, ma è anche un discorso con quest'ultima: un momento di confronto con l'intimità dell'esistenza.

Per farla breve, stiamo parlando di una materia che potenzialmente può raccogliere al suo interno tutto lo scibile umano! E non solo...

Pensa, per esempio, ai robot: non sono anch'essi dotati di capacità cognitive (più o meno astratte?); oppure agli animali: ci sono psicologi che s'interrogano sul sonno dei delfini o sul perché per un cucciolo di scimpanzé l'abbraccio della mamma sia più importante di un'abbondante poppata!

In questo mare magnum di possibilità era corretto trovare una dimensione che potesse raccogliere un buon numero di argomenti, senza avere la pretesa di essere completamente esaustivo, ma dando l'opportunità a chiunque di cimentarsi nel vasto mondo della psiche.

"Occorrerebbe una bussola" ho pensato! Ed ecco che mi è subito venuto in mente il celebre Abraham Maslow. Negli anni 50 del xx secolo, questo famoso psicologo statunitense teorizzò una gerarchia dei bisogni e delle motivazioni umane, partendo dalle necessità biologiche, fino ad arrivare a quelle sociali.

Li raccolse tutti in una piramide, eccola qui:

La piramide dei bisogni di Maslow (1954)

Alla base della piramide troviamo i bisogni primari, ovvero quelli che necessiterebbero una maggiore attenzione. Secondo Maslow, una volta soddisfatti i bisogni primari, l'individuo sarà pronto a dedicarsi al raggiungimento degli altri obiettivi. In cima alla piramide vi è l'autorealizzazione, il successo personale: il riconoscimento pieno e autentico della propria persona!

In verità, a questo modello furono mosse successivamente molte critiche!

Occorre fare una precisazione! La suddivisione a piramide non ha un vero e proprio riscontro scientifico; anzi, alcuni studi (come ad esempio quelli di Herzberg) dimostrarono che le persone non hanno la tendenza a suddividere in tale maniera i propri bisogni, ma bensì ruotano attorno alle necessità che più gli toccano in quel particolare momento.

Un esempio? Probabilmente molti di noi si dimenticherebbero i morsi della fame nel preciso istante in cui il cellulare li avverta che è scarico… e loro non hanno con sé il caricabatterie! Dramma totale!!

Considerate le critiche (giustissime), dobbiamo comunque dare qualche merito alla piramide di Maslow: essa custodisce tantissimi temi che ogni giorno ci riguardano da vicino.

Quindi, raccogliendo assieme il buono ed il giusto, proviamo a fare un piccolo gioco di prestigio:

- Immagina gli stessi bisogni racchiusi, non dentro una piramide, ma bensì in un cerchio: come fossero tanti punti cardinali;
- Ora, in onore al grandissimo psicologo, non gettare la piramide, ma tramutala in un grosso ago;
- Posiziona il nuovo ago al centro del cerchio e… voilà! Ecco una bussola che punta sempre su ciò che più vogliamo o di cui abbiamo bisogno (un po' come nel film *"Pirati dei Caraibi"*).

Tutti questi i temi che circondano la nostra bussola sono importanti e fanno quotidianamente parte della nostra vita. Per questo motivo ho pensato che una classificazione simile potesse darci una mano a rispondere ad alcune domande molto frequenti, dare qualche consiglio importante e soprattutto offrire dei buoni spunti di riflessione – mantenendo comunque una struttura più ordinata dei classici libri dei "perché"; insomma, proverò a muovermi, il quanto più possibile e per quanto la materia lo consenta, all'interno della nostra nuova bussola!

Cominciamo… partendo da ciò che cerchiamo appena nati: mamma e papà!

Crescere un figlio

Un cane da caccia, che aveva catturato una lepre, un momento la mordeva e un momento le leccava il muso.

«Ehi, tu – gli disse sfinita la lepre – o smettila di mordermi o smettila di baciarmi, così che io possa capire se per me sei un amico oppure un nemico.»

L'arrivo di un bambino è una delle più grandi e meravigliose sfide della vita. La trasformazione della propria esistenza da quando la cicogna si mette in viaggio è estremamente significativa, sia per la nuova mamma, che per il neo-papà!

Ma cosa fare? Come prendersi cura del nuovo arrivato? Ma soprattutto, il dilemma che attanaglia e non lascia dormire la notte:

"Sarò mai un bravo genitore?"

Un tempo, forse, era più semplice: le famiglie erano molto più allargate, i consigli delle zie, delle nonne e delle bisnonne avevano un peso decisamente più rilevante di Wikipedia.

Questo periodo storico, invece, è un po' diverso. Se da un lato si continua in modo naturale a fare affidamento alle radici, dall'altro, i nuclei famigliari sono sempre più circoscritti. I nonni vivono lontani, in un'altra casa. La zia fuori città. Così accade che i bimbi vengono affidati alle cure dei nonni, ma i nonni non possono tramandare tutto il loro sapere a mamma e papà. Certe volte, per certe cose, una chiamata al cellulare non basta: un video su YouTube non è così esaustivo quanto un tirocinio pratico!

È giusto? È sbagliato? Io credo semplicemente che sia diverso da prima. Non nascondiamoci dietro i dolci ricordi: anche le famiglie allargate avevano il loro bel da fare: dalle liti tra i parenti, agli scontri generazionali, fino alle presenze soffocanti. Insomma, periodo in cui stai, problemi che trovi!

In questo nuovo millennio, nello specifico, forse abbiamo scelto di barattare la possibilità di condividere alcune esperienze significative (come ad esempio la cura dei bimbi), concedendoci una nuova forma di intimità – quella appunto di una famiglia composta dai soli mamma, papà e figli.

Ma quindi, come ovviare al problema formativo?

Se il bambino piange, se si lamenta, quando tiene il broncio... cosa fare? Come comportarsi? Beh, spontaneamente viene da tentare qualche soluzione! Il ciuccio, la carezza, magari la culla, oppure il giro in auto... Quando si arriva alla drastica decisione di lasciare in mano il tablet o lo smartphone al bimbo di un anno per "imbambolarlo un po'", è davvero giunto il momento di correre ai ripari!

È giustissimo e fa parte del grande gioco educativo impratichirsi e sperimentare, ma ricordiamo sempre che anche i bimbi hanno un limite, ma soprattutto… hanno un'anima!

È un po' come la favola del leprotto e del cane da caccia, dove la lepre – a seguito di tante attenzioni differenti – esprime i suoi dubbi al levriero per riuscire a comprenderne le intenzioni.

Certe volte diamo troppi stimoli ai nostri bambini oppure gliene diamo di sbagliati. Ci sono momenti in cui persino ci contraddiciamo. Vuoi che sia la stanchezza, la difficoltà del momento o il desiderio incalzante del voler trovare una soluzione, può capitare di creare tanta confusione nella nostra piccola spugnetta: che assorbe, assorbe e assorbe di tutto!

Ma non solo assorbe, perché allo stesso tempo cerca anche una spiegazione a tutto ciò che accade!

Così come il leprotto, anche il bambino valorizza la sua curiosità. I suoi occhi sono attenti, i gesti, i movimenti, persino certi momenti di pausa sono tutti finalizzati alla scoperta di questo meraviglioso mondo per loro tutto nuovo!

Diventa allora utile capire dove indirizzare i nostri sforzi genitoriali, come investire al meglio le nostre energie per crescere figli sereni, curiosi e sicuri.

Prima regola: ricorda sempre di dare il buon esempio!

La favola del granchietto ci fa ben capire quanto i nostri comportamenti influenzino direttamente quelli dei nostri figli. Mamma granchio fa molto bene ad ammonire il figlioletto, ma nell'incentrare tutte le attenzioni sul nascituro si dimentica qualcosa di fondamentale: sé stessa.

La nascita di un bimbo, come già detto, è un evento che modifica radicalmente il baricentro di interessi. È naturale per una buona mamma o per un bravo papà dedicare molto tempo alla nuova creaturina.

Spesso però occorrerebbe trovare dei piccoli spazi per noi: questo il secondo consiglio.

Non devono per forza essere spazi temporali lontani dai propri bambini; sappiamo bene quanto sia difficile ritagliarsi dei momenti di tranquillità, soprattutto nei primi mesi di vita.

- Occorrerebbe però, ogni tanto, puntare la lente su noi stessi: vedere se effettivamente siamo un buon esempio di ciò che speriamo in qualche modo essere la strada di nostro figlio...

Non possiamo sperare che nostro figlio sia gentile, se non eserciteremo la gentilezza; non avremo un figlio rispettoso, se per primi gettiamo le carte a terra; difficilmente potremmo augurarci un bimbo lettore, se non saremo i primi a sfogliare un buon libro.

Le parole sono importanti, ma non bastano! All'avviso *"Cammina dritto"* occorre l'azione e quindi un bel: *"proprio come fa papà, vedi?"*

Ecco allora che per il bimbo sarà più facile seguire le orme dei genitori: il nostro esempio è sempre tra le migliori forme d'educazione che possiamo dare ai nostri bambini.

Ti sembrerà strano, ma questi accorgimenti sono fondamentali fin da subito! Non dar retta a chi dice "Oh, ma ancora è piccolo! Tanto non capisce!!", non c'è nulla di più inesatto.

- È vero che un bimbo appena nato non comprende appieno le dinamiche che lo circondano; ciò nonostante, proprio come un esploratore, cerca fin da subito di dare un senso a qualsiasi esperienza.

È sbagliato credere che un bambino non venga influenzato dal mondo, perché invece sono proprio i primi anni di vita che danno al bambino la chiave di lettura di ciò che lo circonda.

Magari può sembrarti assurdo, ma anche il numero di capricci o di lamentele è fortemente legato alla cura che il bimbo riceve, soprattutto nei primi anni di vita. La spiegazione ce l'ha data John Bowlby. Prima, però, leggiamo la favola di Esopo...

Dicono che le scimmie mettono al mondo due figli alla volta; uno lo amano e lo allevano con ogni cura; l'altro lo odiano e lo trascurano.

Ma succede poi, per un fatale destino, che la madre, a forza di abbracciare con appassionata violenza il prediletto, lo soffoca, mentre il fratello trascurato diventa adulto!

Tosta vero? Insomma, Esopo a volte ci andava giù davvero pesante. Anche il poeta greco l'aveva capito: con l'educazione dei bimbi non si scherza. Difatti, nella storia dei secoli, una buona preparazione è sempre stato il miglior antidoto a tantissimi mali; l'istruzione è lo strumento cardine della prevenzione. Per questo, citando una mia professoressa del liceo: «A volte occorre incutere il... giusto timore!». Direi che qui Esopo ce l'ha fatta appieno.

La storia della scimmietta verrà ripresa nel 1969 dallo psicologo britannico John Bowlby.

A lui si deve una famosissima teoria psicologica: la teoria dell'attaccamento.

Secondo Bowlby, ogni bambino sviluppa nei primi anni di vita una particolare relazione con la figura, o le figure, che lo accudiscono - che di norma si identificano con i genitori.

Questa relazione si baserebbe sul riconoscimento in mamma e papà di quelle "basi sicure", su cui fare affidamento durante l'esplorazione del mondo e sui cui contare qualora qualcosa andasse storto.

La relazione di attaccamento è evidente ogni qual volta il bambino si trova in difficoltà: un forte spavento? La fatica? Magari una malattia? In questi casi e in tutti quelli dove si avverte un problema o un pericolo, ecco che il bimbo cerca attivamente coloro che possano dargli cura e conforto!

Tale relazione non si basa quindi esclusivamente sull'appagamento dei bisogni primari, come mangiare o essere cambiati; si tratta invece di un legame più intimo, di reciproci scambi affettivi, di comprensioni e condivisioni di contesti ed esperienze.

- L'attaccamento non è comunque da confondersi con l'amore che un genitore prova nei confronti del figlio: ognuno di noi sperimenta e trasmette il proprio amore nei modi più differenti, che non devono per forza tradursi nell'abilità a fronteggiare i problemi.

L'attaccamento è una condizione di responsività, di sensibilità e disponibilità a rispondere in modo adeguato alle richieste del bambino.

Questo significa che non per forza una mamma poco pratica è una mamma che non ama il proprio bimbo; magari è solo una mamma che deve fare un po' di esperienza. Non commettiamo l'errore di giudicare frettolosamente il comportamento delle neomamme o dei nuovi papà!

La relazione d'attaccamento fu una degli argomenti più studiati in quella branca della psicologia denominata "dello sviluppo". Dieci anni dopo gli accorgimenti di Bowlby, sullo scenario mondiale si fece avanti Mary Dinsmore Ainsworth: un'altra celebrità della ricerca. Attraverso alcuni studi scientifici, la Ainsworth riuscì a delineare almeno tre stili di attaccamento.

È grazie a lei se oggi, a distanza di 2500 anni, possiamo etichettare con accuratezza scientifica gli stili di attaccamento adottati dalla mamma scimmia della favola di Esopo. Cosa ci direbbe, infatti, la Dott.ssa Ainsworth riguardo alla madre scimpanzé?

Scopriamolo in questa straordinaria intervista!

Dott.ssa Ainsworth: «La storia della scimmia è davvero interessante! Esopo ci aveva visto lungo. Ebbene, qui siamo davanti a due stili di attaccamento differenti...»

Intervistatore: «Ah sì, Dott.ssa Ainsworth? Mi saprebbe dire quali?»

Dott.ssa Ainsworth: «Beh, il primo stile, quello più apprensivo ed emotivamente coinvolto, è certamente uno stile insicuro-ansioso/ambivalente. Il secondo, quello diretto allo scimpanzé sopravvissuto è uno stile insicuro-evitante!»

Intervistatore: «**Stile insicuro-ansioso/ambivalente**, cosa significa?»

Dott.ssa Ainsworth: «La premessa è che l'atteggiamento di mamma e papà influenza fortemente il comportamento del bambino! Quando una mamma è molto affettuosa o particolarmente emotiva, è facile che si sviluppi uno stile di questo tipo.»

Intervistatore: «Insicuro-ansioso/ambivalente...»

Dott.ssa Ainsworth: «Esattamente! Una mamma decisamente apprensiva, o un papà troppo spesso invadente, possono limitare l'esplorazione e la curiosità del bimbo. La continua presenza dei genitori determina una diminuzione dello spazio di conquista...»

Intervistatore: «È come se l'attenzione che dovrei dare al mondo la incanalassi su mamma e papà?»

Dott.ssa Ainsworth: «Proprio così! Per questo Esopo penso parli di soffocamento! Perché talune volte accade che i genitori siano talmente opprimenti da impedire qualsiasi tipo di scoperta.»

Intervistatore: «E questo a cosa porta?»

Dott.ssa Ainsworth: «Beh, ha i suoi pro e i suoi contro. Un bambino con attaccamento insicuro-ansioso/ambivalente potrà sviluppare uno spiccato senso emotivo. Risponderà agli stimoli emozionali in maniera più intensa e coinvolta; questo però non sarà sempre un bene. Il bambino con questo stile è anche particolarmente agitato e spesso ansioso.»

Intervistatore: «Anche questo può dipendere dallo stile d'attaccamento?»

Dott.ssa Ainsworth: «Sicuro, il bimbo insicuro-ansioso/ambivalente può vantare genitori spesso molto affettuosi, ma nel momento in cui si presenta un pericolo... vanno un po' in tilt! Quindi, se da una parte il bimbo riceve un grande supporto emotivo, dall'altra non sempre riesce ad anticipare l'atteggiamento del genitore. Così non si tranquillizza e spesso piange e brontola: anche questo fa parte dell'esprimere una forte carica emotiva!

Intervistatore: «Davvero interessante! E senta, tornando alla favola della scimmia...»

Dott.ssa Ainsworth: «Immagino voglia sapere il secondo stile d'attaccamento. Si tratta di un **attaccamento insicuro-evitante**!»

Intervistatore: «Cioè?»

Dott.ssa Ainsworth: «Ha presente quei bimbi a cui fanno sempre i complimenti all'asilo perché non fanno mai i capricci?»

Intervistatore: «Sì...»

Dott.ssa Ainsworth: «Ecco, spesso si tratta di bambini dall'attaccamento insicuro-evitante; bimbi che hanno imparato a cavarsela da sé!»

Intervistatore: «Dottoressa, si spieghi meglio...»

Dott.ssa Ainsworth: «Il bambino con attaccamento insicuro-evitante presta poca attenzione alla presenza di mamma e papà nell'ambiente che lo circonda. È curioso, attento, spesso silenzioso ed isolato: non mostra particolare interesse per gli estranei e all'apparenza sembra che riesca a risolvere in modo autonomo ogni problema!»

Intervistatore: «All'apparenza...»

Dott.ssa Ainsworth: «Beh, certo. Non dimentichiamoci che è un bambino. Ci prova, non chiede aiuto: se non riesce in un compito tenta nuove strade senza domandare a nessuno; se si fa male difficilmente cerca soccorso.»

Intervistatore: «Questo quando si verifica?»

Dott.ssa Ainsworth: «Si verifica tendenzialmente quando il bambino ha sperimentato molti rifiuti. Mamma e papà non sono stati capaci di dare tempestivamente soccorso, oppure non hanno prestato la necessaria attenzione alle richieste di aiuto.»

Intervistatore: «Proprio come ha fatto la mamma scimmia della storia...»

Dott.ssa Ainsworth: «Già. Il bambino sviluppa fin da subito un forte senso di autonomia. Cerca di provvedere da solo alle proprie esigenze e rispondere autonomamente alle difficoltà. Non fa quindi affidamento al sostegno e supporto esterno.»

Intervistatore: «Immagino ci siano dei contro...»

Dott.ssa Ainsworth: «Anche qui c'è l'altra faccia della medaglia. Se da una parte il bimbo si fa più indipendente e responsabile, dall'altro lato avrà molte più difficoltà nelle relazioni interpersonali. Faticherà a riconoscere le emozioni altrui, mostrerà incertezze negli approcci e dovrà impegnarsi nel cogliere le esigenze degli altri...»

Intervistatore: «Caspita! Ma mi dica: questi stili sono, insomma...»

Dott.ssa Ainsworth: «Lei mi sta chiedendo se sono patologici?»

Intervistatore: «Beh, sì...»

Dott.ssa Ainsworth: «No, stia tranquillo. Non sono patologici; o almeno... come tutte le cose, non lo sono fin quando rientrano nei limiti. Tutti noi abbiamo sviluppato uno stile piuttosto che un altro. Pensi è stimato che la popolazione sia così suddivisa:

- Attaccamento sicuro (tra il 41,9% e il 44,2%)
- Attaccamento insicuro-evitante (tra il 23,3 e il 39,5%)
- Attaccamento insicuro-ansioso/ambivalente (tra il 14% e il 16,3%)

Intervistatore: «... **Attaccamento sicuro**?»

Dott.ssa Ainsworth: «L'attaccamento sicuro è un po' quel nido in cui ogni genitore vorrebbe crescere il proprio figlio. Il bambino con un attaccamento sicuro è un bimbo sicuro, sereno e curioso. È equilibrato, tra emotività ed esplorazione...»

Intervistatore: «Insomma, è un po' un mix tra il piatto della bilancia che spinge verso una cura ricca di coccole e momenti d'intimità e quello che lascia libero il bimbo di gattonare per le stanze senza la presenza di mamma e papà...»

Dott.ssa Ainsworth: «Già, ma con la certezza che allontanandosi non verrà abbandonato, e con la sicurezza che in caso di pericolo riceverà le cure necessarie! A quel punto il bimbo sarà un giramondo attento e curioso, ma certo del sorriso di mamma e papà al momento del bisogno...»

Intervistatore: «Grazie mille Dottoressa Ainsworth, è stata davvero una bella chiacchierata!»

Dott.ssa Ainsworth: «Grazie a voi e buona continuazione...»

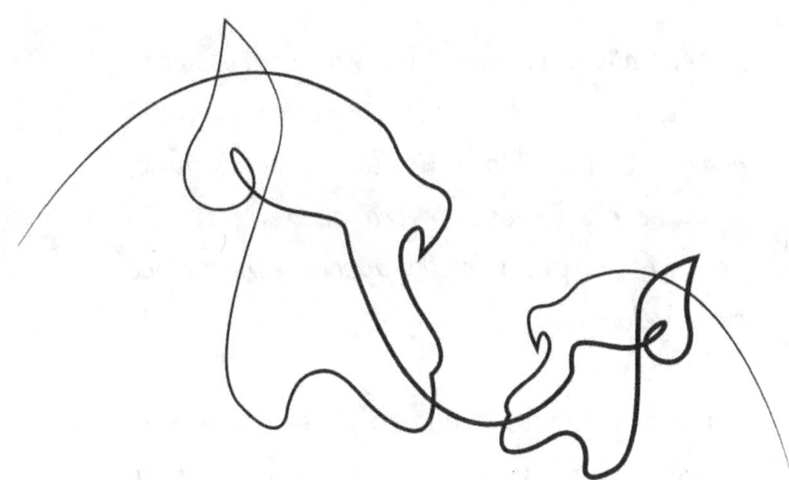

Una memoria lunga 2500 anni!

Le favole di Esopo e la psicologia della memoria!

Raccontano che, al tempo dei tempi, Zeus creò gli animali dando a tutti loro un dono: a chi la forza, a chi la velocità e a chi le ali.

L'uomo, rimasto nudo, disse: «Hai dato a tutti qualcosa, meno che a me?».

E Zeus allora rispose: «Tu non sei cosciente del dono che t'ho fatto, eppure è il più grande di tutti. Io ti ho donato la ragione, la quale è più potente tra gli dei e tra gli uomini, più potente dei potenti, più veloce tra i veloci».

L'uomo riconobbe allora il suo dono e, prima di andarsene, si prostrò davanti al re degli dei e gli rese grazie.

Dal lavarsi i denti la mattina, fino a tenere a mente gli impegni della giornata; dal memorizzare la lezione di diritto, fino a ricordare anniversario di matrimonio; dal rammentare la lista della spesa fino a richiamare un libro di favole di 2500 anni fa...

La memoria è una componente fondamentale del nostro stare al mondo: ci garantisce la sopravvivenza, ci preserva dal proporsi o dal ripetersi di situazioni spiacevoli, ci permette di sognare nuove giornate e all'occorrenza tornare indietro nel tempo, rituffandoci piacevolmente nei vecchi ricordi.

- La memoria umana può essere definita come la capacità di conservare traccia delle esperienze passate e di rievocarle per poterle utilizzare nel presente e nel futuro. La memoria ha però anche il compito di generare nuove conoscenze, strutturare schemi diversi e generare quadri interpretativi. Tutto questo assicura una continua ed aggiornata valutazione del mondo che ci circonda!

Ma di memoria ne esiste solo una? Non proprio ...

Le funzioni della memoria sono davvero tantissime. Hai mai fatto caso che anche l'andare in bicicletta è un esercizio mnestico? Certo, adesso che sai pedalare, mantenendo l'equilibrio sul sellino ed evitando che il manubrio scelga per te la direzione, forse non ci fai attenzione, ma all'inizio ti ricordi? Era molto più complesso. A poco a poco, hai cominciato a prendere sicurezza, hai scelto di togliere le rotelle di supporto e in men che non si dica sfrecciavi lungo i viali alberati. In questo percorso di crescita la memoria ha avuto una grande fetta di responsabilità, in particolare stiamo parlando della tua memoria procedurale: ovvero quella memoria che ha il compito di apprendere tutto ciò che è pratico!

Ma ne esistono tantissime altre di memorie; queste possono essere identificate in base al:

- **Tempo di ritenzione dell'informazione:** ovvero, per quanto tempo quella determinata informazione rimbalzerà tra i lobi del nostro cervello; ci sono reparti della memoria che possono immagazzinare informazioni per moltissimo tempo, altri invece che le trattengono appena una decina di secondi.
- **Contenuti dell'informazione:** in base al tipo di informazione che devo elaborare attiverò alcuni tipi di memoria anziché altri; ad esempio... stiamo parlando di materie di studio, o ricette di cucina? Impegni a cui provvedere oppure ricorrenze da non dimenticare? Ogni dato ha il suo posto all'interno della mente.
- **Livello di consapevolezza della traccia:** quanto sono consapevole di quello che sta accadendo, di quello che ricordo o di ciò che sto imparando? Quanto mi occorre mantenere l'attenzione su una determinata nozione? Quanta influenza ha avuto la memoria nel mio saper nuotare a stile libero?

Per semplicità, cominciamo a dividere la memoria in 3 macro-aree (o magazzini):

1. La memoria a breve termine;
2. La memoria a lungo termine;
3. La memoria di lavoro.

Ti premetto che questa classificazione è abbastanza complessa: giustamente direi. Insomma, stiamo parlando del cervello! Tuttavia, proverò a renderti tutto il più comprensibile possibile, a partire da questo schema:

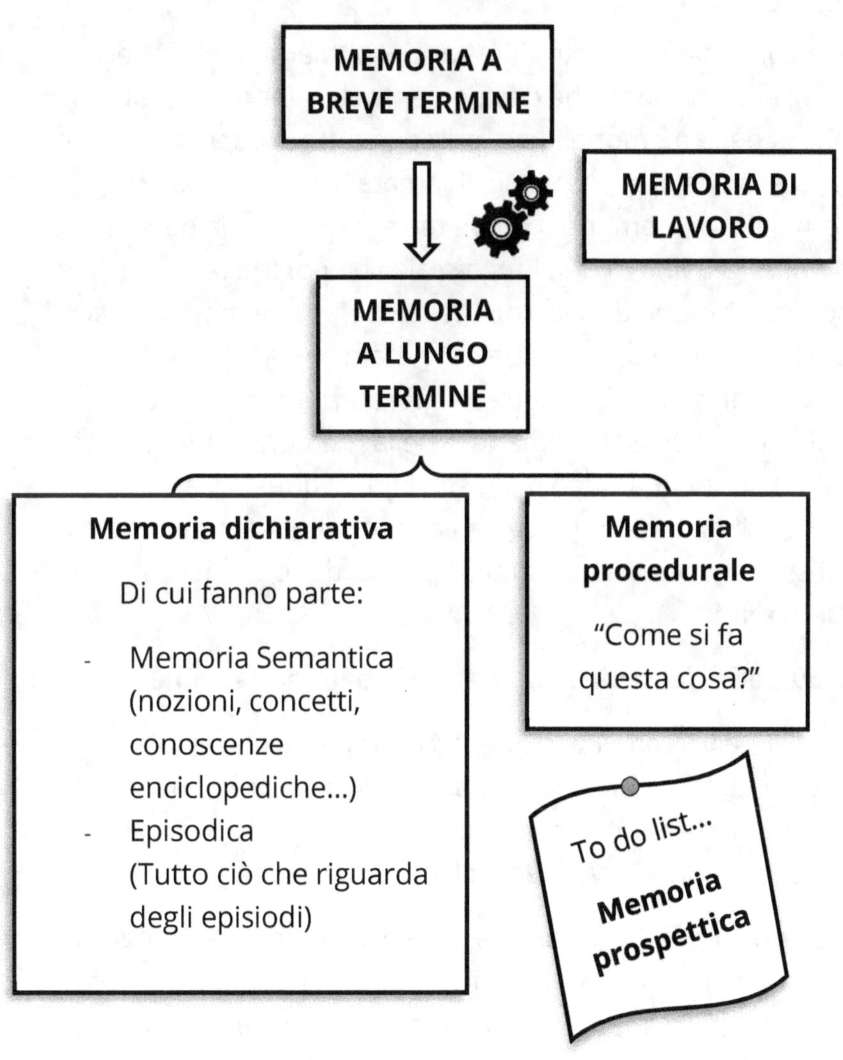

Osservalo con attenzione, sono certo che potrà esserti utile nel breve viaggio della mente che stiamo per affrontare assieme! Cominciamo!

Il primo step: la memoria a breve termine

Per cominciare il nostro itinerario, dobbiamo fare il check-in. Ogni informazione che desideri entrare a far parte della banca della memoria, deve prima di tutto passare le barriere di quella che in gergo viene chiamata "memoria a breve termine". La memoria a breve termine è la soglia della mente, il primo gradino di una lunga scala che porta alla sedimentazione dei ricordi. L'ingresso alla memoria è una porticina limitata, nella quale è vietato sostare per più di mezzo minuto. Difatti, tutte le informazioni che arrivano dall'esterno possono rimanere nella memoria a breve termine (MBT) per un massimo di 30 secondi; in questo lasso di tempo, il materiale che varca i confini viene mantenuto nello stesso formato in cui è stato appreso, dopo di che viene elaborato!

Il custode dei ricordi: la memoria a lungo termine

Una volta varcato il portone, ecco lo spettacolo della memoria! Incastonati come tanti gioielli dentro una miniera di preziosi e diamanti, brillano miliardi di ricordi – sorvegliati da una straordinaria tempesta elettrica di neuroni.

Questo luogo affascinante è sede della memoria a lungo termine: un vero e proprio magazzino di ricordi. Qui i pensieri possono permanere per un tempo più lungo e variabile. Alcuni ricordi possono rimanervi anche per sempre. All'interno della memoria a lungo termine il materiale viene rielaborato ed integrato con le conoscenze già presenti.

Vogliamo fare qualche esempio?

Ebbene, prova a farti venire in mente la favola di inizio
capitolo senza andare a sbirciare. La ricordi, vero? Certo, forse
non recuperai tutte le informazioni, certamente ti sarà difficile
rievocare con precisione tutti i particolari, eppure una traccia
è rimasta.

Vuoi fare un altro esercizio per mettere alla prova la tua
memoria a lungo termine? Perfetto. Guarda bene questa
figura e ricopiala. Tieni tranquillamente la figura davanti o di
fianco al tuo foglio, in modo da poter confrontare il tuo
disegno in divenire con la matrice originale.

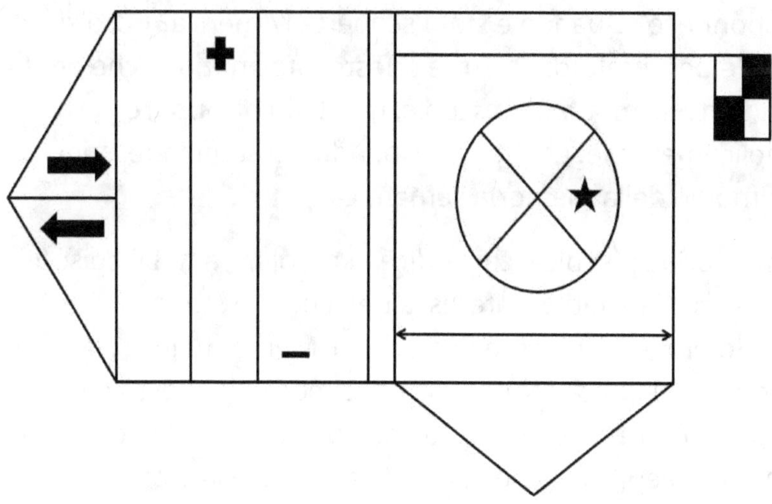

Una volta completata l'operazione, metti da parte il foglio,
capovolgilo e nascondilo, poi continua la lettura:
proseguiremo dopo il compito!

Come avrai intuito, la memoria a lungo è termine ha una struttura più complessa di quella a breve termine. Per rispondere a una moltitudine tanto differente di stimoli, necessita di ulteriori suddivisioni. Li vediamo assieme.

Cominciamo a dividere la memoria a lungo termine in due sottocategorie:

- La memoria dichiarativa;
- La memoria procedurale.

La memoria dichiarativa a sua volta è suddivisa in due sottogruppi, quella semantica e quella episodica.

La memoria semantica si occupa di ricordare tutte le nostre conoscenze enciclopediche. Chi era Esopo? Dove si trova il Peloponneso? Quando è stata scoperta l'America? Cosa si intende per "metafora?" Tutte queste informazioni, che per la gran parte si imparano a scuola, tra i banchi, oppure semplicemente leggendo, informandosi o studiando, sono patrimonio della memoria semantica.

La memoria episodica, come dice la parola, tratta gli episodi realmente accaduti. Si interessa della nostra storia, da quando eravamo in fasce fino ad ora. Mentre tu leggi, la tua memoria episodica valuta se questo momento dovrà o meno entrare a far parte della tua grande biblioteca dei ricordi. Ma la memoria episodica non si limita a scrivere la storia...

A fianco della memoria episodica, infatti, sta un particolare tipo di memoria, chiamata *"memoria prospettica"*. La memoria prospettica si occupa degli eventi che saranno, di ciò che deve ancora avvenire. Ebbene sì, la memoria non si occupa solo del passato, ma anche di quello che deve ancora accadere: strano vero? Appuntamenti, azioni da compiere, grandi progetti, piccole "to do list", dolci speranze e sogni ad occhi aperti... Alla memoria prospettica va il compito d'intrecciare obiettivi e desideri, così da poter navigare tra i ricordi ed al contempo indirizzare la chiglia verso nuovi orizzonti!

La memoria semantica e la memoria episodica sono memorie più o meno esplicite. Sono quelle memorie coinvolte nel richiamo e nel riconoscimento volontario di informazioni, esperienze o conoscenze. Per rendere possibile il recupero di questi ricordi si servono del linguaggio. Ma alcuni episodi differiscono dal consueto metodo di ripescaggio! Alcuni ricordi possono fare capolino tra la mente in modo quasi automatico, attraverso un'attivazione sensoriale: ad esempio, un profumo di torta di mele può farti tornare alla mente i pomeriggi passati con la nonna; un'immagine particolare può rievocare uno scalmanato episodio in adolescenza; la lettura di una frase riportarti con il cuore ad un'affettuosa lettera d'amore. Ecco come allora i sensi possono far riemergere contenuti di cui si era, fino a quel momento, apparentemente ignari...

Un meccanismo simile, altrettanto (e per certi versi) inconsapevole, è quello della memoria procedurale...

Abilità, abitudini, comportamenti sono tutti elementi che hanno bisogno del nostro apparato mnestico per attivarsi. L'esempio della bicicletta vale anche per tutte quelle azioni che svolgiamo quotidianamente, in modo più o meno conscio, e che abbiamo appreso nel corso della nostra vita. Della custodia mnemonica delle capacità pratiche se ne occupa la memoria procedurale, che – a differenza delle memorie dichiarative – è implicita: il recupero di queste informazioni non è cosciente. Quando cuciniamo, rifacciamo il letto la mattina; quando infiliamo la moneta nel carrello, oppure quando torniamo a casa da lavoro in macchina e automaticamente arriviamo a casa... sono tutti esempi di come la memoria si impegni nel recupero delle informazioni, senza il bisogno di scomodare la nostra coscienza! Fantastico, vero?

Ma proseguiamo il nostro viaggio tra le sottoclassi della memoria...

Procedendo tra le suddivisioni più conosciute del nostro apparato mnemonico, troviamo una memoria decisamente particolare: questa ha il compito di mantenere attive le informazioni provenienti dall'ambiente richiamate o riportare alla luce i tesori della memoria a lungo termine. Si tratta della memoria di lavoro. Nella memoria di lavoro il materiale viene manipolato per essere riutilizzato; solitamente questa operazione dura solo alcuni secondi.

Vuoi fare un esercizio per mettere alla prova la tua memoria di lavoro?

Leggi le proposizioni che seguono e cerca di ricordare l'ultima parola di ogni frase.

Sul tetto c'è un gatto

Ho messo i fiori nel vaso

Ha rovesciato il vino sul tappeto

Qual era l'ultima parola di ogni frase?

... *

Continuiamo!!

*a fine del capitolo (pag. 66) trovi la soluzione

La mamma cucina la pasta

Nei pantaloni c'è un buco

Esco a comperare il latte

Ho riconosciuto la voce

Ho riordinato l'armadio

Andiamo a trovare il nonno

Qual era l'ultima parola di ogni frase?

... *

*a fine del capitolo (pag. 66) trovi la soluzione

Molto bene, adesso che hai sperimentato la memoria di lavoro prendi qualche bel respiro lungo, disteso, rilassato. Una volta recuperate le energie continuiamo.

Come si forma la memoria?

Per rispondere a questa domanda facciamo un piccolo esempio, utilizzando una tra le favole più brevi di Esopo, forse la più corta:

Un cammello, costretto dal suo padrone a ballare, esclamò: «Già sono goffo persino quando cammino, figurarsi quando ballo!».

Codifica

Prima di tutto, il nostro cervello capta una traccia nel contesto ambientale o in quello emotivo. La memoria a breve termine si attiva e funge da filtro. Nel nostro caso, la traccia è la favola del cammello. Attraverso la codifica, la mente identifica le caratteristiche principali che compongono la nostra favola, come ad esempio le sue particolarità fonologiche (ovvero le particolarità legate al suono), oppure quelle visive (un cammello ballerino non si vede proprio tutti i giorni).

Immagazzinamento

Una volta codificata la favola, la mente procede all'immagazzinamento. Questo passaggio permette il trasferimento dell'informazione dalla memoria a breve termine al magazzino della memoria a lungo termine... se tutto va bene, la favola del cammello diventerà un ricordo!

Consolidamento

È quel processo che stabilizza la traccia da ricordare. Il consolidamento riduce la possibilità che la traccia si perda nell'oblio della mente! La nuova informazione viene archiviata accanto ai ricordi precedenti che più le somigliano; in qualche caso viene correlata ad uno o più di loro. Ad esempio, nella favola c'è un cammello: se abbiamo fatto una vacanza in Sahara, è possibile che il cervello avvicini questi due ricordi all'interno dei suoi registri. Come ce la caviamo con il ballo? Se non fossimo troppo ferrati a volteggiare in pista, potremmo affiancare la favola alla sezione *"Buone scuse per non ballare!"*. Magari siamo appassionati di Grease, ed allora collegheremo il cammello a John Travolta (non ne abbia male John!); se invece amassimo la musica classica sarebbe un attimo associare il racconto al *"Carnevale degli animali"* di Camille Saint Saëns.

Potrebbe anche accadere che la favola del cammello non ci interessi particolarmente: allora verrà dimenticata, assieme a tutte quelle informazioni ritenute meno importanti ...

Rievocazione

Se la favola del cammello guadagnerà un posto dentro la nostra memoria, allora un giorno potremmo ricordarcene. Questo potrà avvenire in due modi:

- In modo implicito: ovvero senza esserne consapevoli. Il ricordo viene attivato da uno stimolo ambientale; per esempio, arriva un circo in città e sul fianco di un camioncino è disegnata la sagoma di un cammello... ecco che la favola emerge spontaneamente dai ricordi;
- In modo esplicito: quindi attraverso un processo di recupero consapevole. Se un giorno ti chiederanno di raccontare una favola, magari questa sarà la prima che pescherai tra gli archivi della tua memoria!

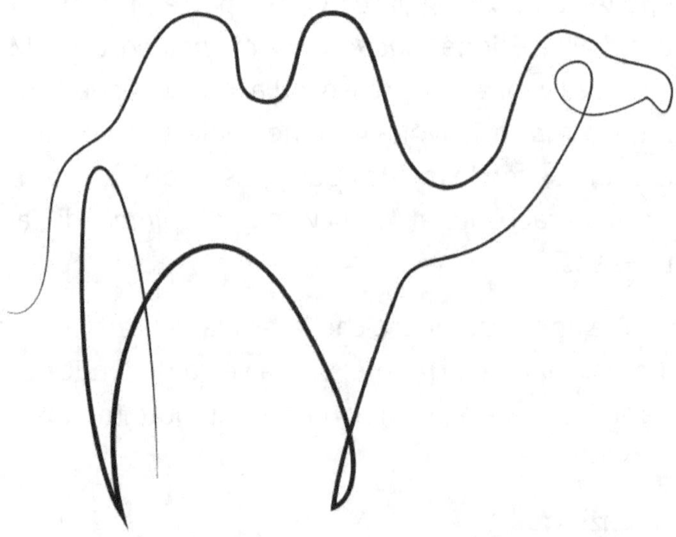

Abbiamo detto che la memoria ha a che fare con le emozioni, ma è davvero così?

Per rispondere, leggiamo assieme questa favola:

La rondine consigliava all'usignolo di nidificare come lei sotto il tetto degli uomini e a condividere la loro dimora.

Ma quello, che la leggenda vuole fosse prima una donna tramutata poi dagli dei in usignolo, rispose:

«Non desidero ravvivare la memoria delle mie antiche sventure; per questo ora vivo tranquillo nei luoghi solitari».

Povero usignolo, deve essersela vista proprio brutta per non voler accettare il consiglio della rondine. Uno spavento, un ricordo spiacevole, un evento difficile; ma anche una buona notizia, una gioia improvvisa, una felicità contagiosa ... tutte queste emozioni possono incidere sulla nostra memoria? Beh, persino Esopo 2500 anni fa rispondeva di sì.

Nei cunicoli primitivi del nostro cervello, oltre le articolate pareti di materia grigia che ricoprono gli strati superficiali dell'organo, foderato nel centro della mente, sta una struttura fondamentale per la memoria: l'ippocampo. Questa piccola componente del cervello prende il nome dal "cavalluccio marino", perché ne condivide la forma: ci assomiglia proprio tanto! L'ippocampo condivide il suo spazio anatomico con un altro organo fondamentale: l'amigdala. L'amigdala regola le reazioni istintive, in particolar modo la rabbia e la paura.

Quando ci si trova davanti ad una forte emozione, ecco che amigdala ed ippocampo funzionano assieme...

Quando la donna della favola venne tramutata in un usignolo, la sua amigdala avrà stimolato davvero tanto il vicino di casa, l'ippocampo. Con una bella strigliata, l'amigdala ha fatto alzare le orecchie al cavalluccio, che da quel momento è diventato più preciso ed accurato nel ricordare l'evento. Per questo motivo, anche a distanza di anni, l'usignolo non ne vuol proprio sapere di tornare tra gli uomini.

Così accade anche per noi. Quando riteniamo qualcosa importante, oppure ha un significato davvero particolare, viene ricordata molto meglio di tanti altri episodi, che non hanno le stesse tonalità emotive!

Ah, caspita!! Ti ricordi la figura che hai ricopiato parlando di memoria a lungo termine? Quella che ti avevo domandato di riportare sul foglio? Ecco, non andare a cercare il disegno. Non sbirciare! Prova invece a raffigurare nuovamente la figura, per come te la ricordi. Quando hai concluso, procedi con il capitolo.

Molto bene! Ora puoi recuperare l'immagine iniziale e metterla a confronto per sperimentare quanto e come lavora la tua memoria a lungo termine.

Ma adesso, dal momento che abbiamo accennato all'argomento, potrebbe essere utile una parte finale sull'apprendimento.

A scuola, come in un'università o a lavoro... non si smette mai di imparare! Vero? Bene, allora cerchiamo di imparare di gusto.

Una pulce che filosofava,
pensando col bue gli domandava:
«Com'è possibile che con la tua stazza
dell'uomo è serva tutta la tua razza,
mentre invece io che sono piccina,
lo mordo e punzecchio da sera a
mattina?»

Stavano insieme così riflettendo,
quand'ecco che quegli le rispose muggendo:
«Io sono grato all'essere umano,
mi nutre e mi coccola con la sua mano».
«La mano dell'uomo per te è un bene?
A me, se mi piglia, son dolori e son pene!»

Questa è una di quelle favole che Esopo ha scelto di scrivere in rima. Una filastrocca insomma, per aiutare l'ascoltatore a ricordarla. Certo è un bel trucco! Ma ce ne sono anche di migliori... Te ne viene in mente qualcuno? Ripetere per esempio? Certo, si può, ma non è il metodo migliore.

Tante volte, qualche professoressa distratta o un compagno impreparato ci consigliano di ripetere fino all'infinito la lezione. Ripetere è sicuramente un metodo per ancorare i fatti, ma non aiuta a mantenerli nel tempo. Inoltre, non tutte le materie o gli argomenti possono essere appresi stile pappagalli: una filastrocca come quella della pulce si presta sicuramente di più a un processo simile, piuttosto che lo studio delle Campagna in Gallia di Giulio Cesare. Eppure, anche una poesia, se appresa solo attraverso una ripetizione pura, a poco a poco verrà perduta.

Facciamo un esperimento: prendi un tuo compagno o un collega, anche un amico va bene...

Presentagli in sequenza le parole che seguono (fai attenzione anche a come sono scritte, se in maiuscolo o minuscolo) e la domanda in allegato. Fatti rispondere alla domanda con un "sì" o con un "no". Poi prosegui con l'altra parola.

Fagli leggere la parola:

uomo

Poi domandagli: *«La parola è in lettere minuscole?»*
Aspetta la risposta. Dopo, presentagli la parola:

PANE

Domandagli: *«La parola fa rima con cane?»*
Aspetta la risposta. Infine, presentagli la parola:

pulce

Poi chiedigli: *«Il nome è quello di un animale?»*

Questo esperimento è più o meno uguale a quello che Craik e Lockhart, nel 1972, somministrarono ai loro soggetti. Secondo i due psicologi, la durata delle tracce di informazioni contenute nella nostra memoria dipenderebbe dalla profondità con cui lo stimolo è stato elaborato in fase di codifica. Un'informazione nuova passerà facilmente alla memoria a lungo termine (ovvero sarà ricordata) se connessa con quelle informazioni già acquisite. Queste informazioni dovranno essere emotivamente significative, chiare e ordinate.

Cosa significa tutto questo?

⇨ Lo studio di Craik e Lockhart ha dimostrato come il mantenimento a lungo termine di una determinata informazione non è determinato dalla ripetizione della stessa, ma soprattutto dalle caratteristiche strutturali della codifica. Insomma, per memorizzare al meglio un concetto dobbiamo lavorare sul nostro approccio allo studio. Come? Beh, i due studiosi ipotizzarono tre livelli di elaborazione:
1. Strutturale;
2. Fonemico;
3. Semantico.

Le tre domande dell'esperimento ripercorrono questi livelli di elaborazione:

- La parola è in lettere minuscole? (domanda orientata alla struttura dello stimolo);
- La parola fa rima con cane? (domanda orientata alla fonologia);
- È il nome di un animale? (domanda orientata alla categoria).

Quale dei tre livelli funziona di più?

Hai ancora il tuo amico/compagno/collega vicino? Dopo un'oretta domandagli quali parole gli avevi proposto durante il gioco. Con molta probabilità ricorderà facilmente la parola "pulce", con un po' più fatica "PANE" e sforzandosi ancora di più "uomo".

La stessa cosa avvenne anche per i partecipanti allo studio di Craik e Lockhart. Tra tutte le parole presentate, quelle a cui era ricollegato un significato (ad esempio, pulce) erano ricordate meglio di quelle elaborate fonologicamente e ancora di più di quelle elaborate solo dal punto di vista della struttura.

Quindi, come possiamo utilizzare le pulci nel nostro studio?

La morale dell'esperimento di Craik e Lockhart è che per riuscire a memorizzare bene un concetto occorre dargli un significato importante all'interno della nostra mente.

Fare dei collegamenti può aiutare molto a memorizzare.

Riuscire a capire bene il senso di ciò che stiamo leggendo può farci riflettere sul suo concetto. Questo ci aiuterà a colorare l'argomento di una tonalità emotiva diversa da quella della noia. Un altro modo per avvalorare il significato di una lezione è cercare di ricondurla a un nostro obiettivo.

- Come posso sfruttare ciò che sto studiando?
- Ho un desiderio? Questo concetto può in qualche modo aiutarmi a raggiungere il mio traguardo?

Se tutto questo poi non bastasse, ricorda che ogni significato mentale si costruisce e si riflette dalla - e in base alla - nostra esperienza. Quindi qualcosa che puoi toccare con mano o che puoi trasportare nella realtà sarà molto più semplice da custodire nei cavò della mente. Un esempio? Prova a riproporre questo esperimento a qualche tuo amico o compagno, così facendo lo memorizzerai e avrai la prova diretta di quanto potente possa essere l'esperienza diretta!

E quindi, l'ultimo consiglio per memorizzare bene un concetto è questo: cerca sempre a tuo modo di trasportare ciò che studi al di fuori dai libri...

E se tutto questo non bastasse?

Non ce la dobbiamo raccontare, studiare non è sempre così facile! A volte è terribilmente noioso. Ci sono giornate in cui studiare è l'ultima cosa a cui si pensa; ci sono materie che possono schiacciarti come un macigno; esami così complessi che neppure Sherlock Holmes riuscirebbe a trovare una soluzione.

Voglio suggerirti 7 consigli validi (e validati!) per apprendere al meglio!

Questi punti chiave sono frutto di anni di ricerche da parte di un gruppo di scienziati italiani, precisamente di Padova, tra cui anche il grande Cesare Cornoldi – illustre psicologo connazionale, attivo nell'ambito della psicologia dello sviluppo e nei disturbi di apprendimento. Ma per fare fruttare al meglio questi 7 consigli è giusto fare una premessa e parlare di meta-cognizione.

Per quanto il termine *"Meta-Cognizione"* possa risuonare come un gadget spaziale di qualche super-eroe Marvel, altro non è che la nostra consapevolezza riguardo le strategie che utilizziamo durante i processi cognitivi.

- È la capacità di riflettere in modo autonomo sul nostro mondo interiore, sui nostri ragionamenti. Riflettere sul nostro metodo di... riflettere! Insomma, la metacognizione, riducendo davvero all'osso la sua definizione, è la nostra abilità nello stare sul pezzo quando si ragiona, si pensa o si studia.

E tu? Come pensi... di pensare?

Le ricerche di Cornoldi e del gruppo di Padova hanno evidenziato come un buon rendimento meta-cognitivo sia alla base di uno studio efficace! Più il nostro livello di consapevolezza è alto, più facile sarà preparare un esame o una verifica oppure un'interrogazione orale.

Fin qui nulla di strano, una buona analisi e una progettazione accurata può semplificarci tantissimo la vita in moltissime faccende: non solo a scuola o in Università, ma anche a lavoro, a casa, in vacanza (oddio, forse in vacanza sarebbe anche giusto spegnere un pochino la nostra metacognizione) ... Il grande passo avanti di Cornoldi è stato quello di consegnarci almeno 7 punti fermi sui quali concentrare le nostre energie e migliorare le nostre prestazioni. Difatti, anche lo studio esige un certo allenamento (mi spiace, non puoi risolvere subito la congettura di Erdos sulle progressioni aritmetiche: fattene una ragione!).

Ciò che ha fatto Cornoldi, assieme al gruppo di Padova, è trasformarsi in un vero e proprio personal trainer della formazione! Così, dopo anni di impegno e di analisi, questi grandi studiosi hanno svelato al mondo accademico 7 consigli validi, validati, ma soprattutto utili per potenziare le nostre prestazioni cognitive e migliorare la qualità dei nostri pensieri!

Eccoli qui di seguito!

1) Chi lo ha detto che ...

"È inutile, non mi entra in testa..." – è una frase che ritorna spesso sui libri e che ognuno di noi, almeno una volta nella vita, ha purtroppo pronunciato. Chi per inglese, chi per latino, chi per storia dell'arte... il motivetto *"Non ce la faccio! Non*

riesco a ricordarmelo" è un topic che risuona nelle aule di studio.

Sai cosa da ancora più fastidio? Che mentre tu ripeti questa maledizione e speri che matematica o filosofia scompaiano dalla faccia della terra, di fianco a te arriva quello che la materia la sa cantando come fosse l'ultimo motivetto di Sanremo. Il suo segreto? Probabilmente riesce a fare dei buoni collegamenti.

In gergo, si tratta d'interiorizzazione funzionale dei contenuti, ovvero creare delle associazioni tra gli argomenti.

- Queste relazioni possono essere formulate tra diverse materie (ad esempio, prova a intersecare la tua materia preferita con le nozioni che devi imparare) oppure con argomenti sganciati dall'ambito scolastico (Chi lo ha detto che non possa esserci una correlazione tra il Paradiso di Dante e i gol di Roberto Baggio? Perché non si può unire la fisica alla Forza di Luke Skywalker? Ci può essere qualche legame tra Caravaggio e la settimana della moda di Milano?) ...Esercitati quindi a fare tanti collegamenti: il controllo sul tuo apprendimento crescerà esponenzialmente! Quanto più vi è integrazione tra ciò che è stato appreso e ciò che si desidera studiare, tanto più sarà semplice ed efficace l'apprendimento di nuove nozioni;

2) Organizza il tuo tempo

C'è un tempo per studiare e un tempo per godersi un po' di relax. Passare mille ore sui libri non è assolutamente la soluzione migliore per preparare un compito! Anche il nostro cervello ha bisogno di rilassarsi. Sbattere la testa sui testi di

Shakespeare non serve. Lo studio va affrontato a mente lucida.

- Organizza quindi il tuo tempo con un po' di anticipo: conta quante ore ti occorrono per studiare un testo o preparare un'interrogazione e suddividile per i giorni che ti rimangono. Aggiungici qualche ora di "varie ed eventuali", non si sa mai… e il tempo rimanente dedicalo completamente a te! Esci in bicicletta, concediti un po' di shopping o una pizza con gli amici. Non dimenticarti dei tuoi hobby. Riuscire a suddividere il tempo in modo da dedicare il giusto spazio allo studio, senza affaticare troppo la mente è alla base di una buona preparazione!

3) Ci fai o ci sei?

Un aspetto interessante è l'idea che ci siamo fatti di noi stessi e della nostra possibile scalata intellettuale!! Il nostro metodo di studi è difatti influenzato da frasi come *"sono fatto così, non posso cambiare"* – o, viceversa *"so che posso migliorare, mi impegnerò a farlo!"*. Queste due visioni del mondo possiamo suddividerle in:

- Visione statica: ovvero fissa, predeterminata, senza possibilità di evoluzione;
- Visione incrementale: ovvero elastica, fluida, creativa e dinamica.

La visione incrementale certamente stimola uno studio attivo; quella statica… beh, no. Se può aiutare, ricordiamoci che stiamo parlando di visioni e le visioni sono un modo di vedere le cose, non come le cose sono realmente. Ti sembra di non cambiare mai? Vai a rivedere sui social o sui vecchi diari come e cosa scrivevi tempo fa, ti sembrerà un'altra persona! Tutti cambiamo, alcuni decidono come. Allenati a decidere per te!

4) Dimmi, che cos'è per te l'intelligenza?

Che cos'è per te l'intelligenza? e secondo te, sei abbastanza intelligente? Anche questa è una di quelle domande la cui risposta può influire positivamente o meno sul nostro rendimento. Alcuni pensano (sbagliando) che se non si è forti in matematica, allora si è delle schiappe complete in qualsiasi altra materia; se una professoressa ci crede degli stupidi, allora non vale neppure la pena di impegnarsi a studiare. Ebbene, ti metto in guardia: l'idea che ti fai delle tue capacità cognitive condizionerà molto la tua performance!

La concezione personale del concetto di "intelligenza" influenza significativamente la qualità dei nostri ragionamenti!

In verità tantissime teorie di nuovo stampo ipotizzano come esistano molte forme di intelligenza all'interno del nostro cervello: non è detto, insomma, che chi è più bravo in musica, in letteratura o nelle facoltà scientifiche, sia altrettanto bravo in economia, lingue, geografia.

5) Qual è il tuo obiettivo?

Perché stai studiando? Te lo sei mai domandato? Hai un obiettivo? Se ancora non ci hai pensato, la prima cosa che devi fare prima di metterti sui libri è questa: datti un obiettivo che ti piaccia! Ma fai attenzione: gli obiettivi in formazione, tendenzialmente, si suddividono in due categorie:

- Obiettivi di padronanza:

  "Studio perché voglio diventare un medico!"

- Obiettivi di prestazione:

  "Studio perché voglio la media del 30!"

Tra i due stili, quello di padronanza è decisamente il più efficace perché porta lo studio su un piano più identitario: si parla di futuro, di soddisfazione nella tua vita e non solo di un bel voto sulla carta!! Insomma, se studi pensando che quella materia in qualche modo potrà essere utile al tuo futuro, probabilmente prenderai un voto più alto di chi corre solo per la lode!

6) Ogni tanto vai in ansia oppure sei una persona ansiosa?

L'ansia può tirare brutti scherzi durante un compito o un'interrogazione! Come combatterla? Beh, prima di tutto dobbiamo capire di che ansia si tratta! Può infatti trattarsi:

- Ansia di stato: si tratta di quell'ansia che viene solo in determinati momenti (ad esempio quando si incontra una determinata professoressa o si affronta una tipologia di prova specifica!)
- Ansia di tratto: ovvero, quella tipica delle persone sempre in ansia – che tendenzialmente vivono la maggior parte della loro quotidianità con un livello di ansia sopra la media.

Capire quale forma di ansia proviamo è già il primo passo per combatterla; inoltre, ricordiamoci che nel momento in cui quest'ansia diventasse davvero troppo forte, lo psicologo può essere un supporto decisivo per la cura di questo sintomo invalidante!

7) Chi è il migliore!?

Una buona dose di autostima aiuta molto lo studio.

Il senso di auto-efficacia influenza sicuramente tanto la prestazione. Ricorda di non darti mai obiettivi troppo grandi, per non rischiare di fare un volo alla Icaro, ma non darti neppure obiettivi troppo facili: altrimenti non c'è gusto!

Fai sempre una buona media tra la tua prestazione e quella a cui tendi. A poco a poco aumenta l'impegno e diminuisci la distanza: vedrai che allora studiare sarà decisamente più facile, sicuramente più stimolante e, qualche volta... perfino divertente!

Memoria di lavoro, esercizio 1:

Gatto, vaso, tappeto

Memoria di lavoro, esercizio 2:

Pasta, buco, latte, voce, armadio, nonno

La favola dell'empatia

Ovvero mettersi nei panni degli altri… o forse no!

Adesso passiamo ad un argomento caldo; un tema che sta a cuore praticamente a tutti: la comprensione delle altre persone. Tutti noi vorremmo riuscire a leggere nella testa degli altri; quante liti evitate decifrando i pensieri del partner? Quanti compiti risolti sfogliando tra le intenzioni dei professori? Quante ricette di cucina svelate leggendo la mente della nonna? Riuscire a capire gli altri è una di quelle intenzioni che accompagnano la storia dell'uomo su questa terra. Persino Esopo ha dedicato diverse favole al misterioso campo dell'intendimento. Un celebre esempio? Quello del povero contadino e del perfido serpente!

Un contadino, in inverno, trovò un serpente infreddolito e, impietosito dalla bestia che stava morendo di freddo, lo colse da terra e se lo portò in grembo. Ma quello, non appena il calore lo ebbe risvegliato, morse il benefattore e lo condannò alla morte.

Così, mentre il contadino moriva, diceva: «Ahimè, me lo merito, perché ho avuto compassione di un malvagio!».

Al contadino non è andata bene: con tutte le buone intenzioni del mondo, ha proprio toppato nel non identificare nel serpente un grave pericolo.

La stessa sorte toccò alla rana, in un'altra favola di Esopo. Mentre faceva un favore allo scorpione, aiutandolo a guadare il fiume, questi gli punse la schiena. Affogando per il dolore e per il veleno domandò allo scorpione il perché di quel gesto e quegli rispose: «Cara ranocchia, pungere è nella mia natura...».

In entrambe le favole a monte del dramma stanno due macro-argomenti importantissimi:

1. La predisposizione naturale a determinati comportamenti o modi di essere da parte di ogni individuo;
2. La comprensione dell'altro nella relazione.

È indubbio che queste due componenti favoriscano la sintonia empatica tra le persone. Ma cosa si intende per empatia?

Ne sentiamo davvero tanto parlare: è uno di quei termini che compare qua e là nei discorsi:

«Sai, dovresti essere più empatica...»

«Mi ha colpito, quel suo senso di empatia: è come se mi conoscesse da sempre!»

Ma cos'è l'empatia?

Dal momento che siamo in odore di Grecia, diamone una valida traduzione etimologica. La parola empatia si suddivide in due parole:

- *"En"*, ovvero "dentro";
- *"Pathos"*, che possiamo tradurre con "sentimento" oppure "sofferenza".

Il suo primo utilizzo veniva accostato agli aedi, ovvero i cantastorie professionisti: l'empatia era il legame che si veniva a creare tra un bravo narratore e il suo pubblico. Successivamente il termine ha declinato la sua forma originaria fino alla sua ultima metamorfosi. Ad oggi il termine empatia viene socialmente tradotto con "mettersi nei panni dell'altro".

Ma è proprio così?

Un carbonaio e un lavandaio vivevano uno accanto all'altro. Il carbonaio propose al vicino di vivere nella stessa abitazione: così da ravvivare quella amicizia e dimezzare le spese della casa.

Ma il lavandaio lo dovette interrompere dicendogli: «Caro amico, ciò che dici è davvero impossibile perché tutto ciò che io laverò con impegno, tu me lo imbratterai di fuliggine!»

Ecco una favola che dà un buon esempio di ciò che si può intendere sia come buona, che come cattiva empatia. Secondo te chi è stato tra i due la persona più empatica? Per me non vi sono dubbi: al 100% il lavandaio.

Essere empatici, difatti non significa farsi influenzare dagli altri; non per forza cogliere o capire una persona porta ad assecondarla oppure a provare gli stessi sentimenti (si possono poi provare gli stessi sentimenti di una persona? A questa domanda rispondiamo meglio dopo).

Il lavandaio della storia ha ben capito il carbonaio: non si può dire invece il contrario. Tra loro, dice Esopo, vi era già un legame d'amicizia. Inoltre, vivevano uno accanto all'altro – quindi entrambi condividevano un contesto comune: oggi diremmo che "parlavano la stessa lingua". Allora come mai il lavandaio è empatico, mentre il carbonaio no?

Ebbene, il lavandaio riesce a cogliere le intenzioni del carbonaio e nonostante abbia in comune con quest'ultimo un ottimo rapporto sa che la relazione, per rimanere qualitativamente alta, deve avere dei confini individuali.

- Questo è un primo punto da tenere a mente: per essere persone empatiche, prima di tutto occorre avere cura della nostra identità. Non è necessario invischiarsi nei rapporti, non per forza per capire una persona bisogna tuffarcisi dentro a capofitto: anzi, tante volte si è più di aiuto riuscendo a rispettare queste frontiere dell'anima.

Pensa per un attimo cosa sarebbe accaduto se il lavandaio avesse accettato la proposta: ebbene, con l'intento di rinvigorire l'amicizia avrebbe ottenuto invece l'effetto contrario. Sperando di rafforzare il legame, si sarebbe trasferito a casa del carbonaio. Lì, la fuliggine avrebbe ricoperto tutti i suoi vestiti, vanificando il suo lavoro. Piano piano, lo sconforto lo avrebbe colto: desideroso di ritornare sui propri passi, ma intimorito da come l'avrebbe presa a quel punto l'amico carbonaio. Insomma, se la proposta del carbonaio fosse stata accolta, il povero lavandaio avrebbe rischiato fortemente di rimanere invischiato in una situazione anomala.

Il tema che emerge della favola è davvero molto forte: bisogna accettare che non tutti la pensano come noi, ma soprattutto che ogni persona ha il suo particolare metro con cui misura il mondo che le sta attorno. Non possiamo pensare che il fratello, l'amico, il partner o il vicino di casa abbiano la nostra stessa e identica lettura del libro della vita. Ognuno di noi coglierà sfumature, metafore, similitudini ed allegorie diverse. Quando ci arrabbiamo perché una persona non si è comportata come vorremmo, forse dovremmo chiederci: "Perché ha scelto di comportarsi a quel modo?".

La prima regola dell'empatia è forse questa: attenzione, non siamo tutti uguali.

Aggiungiamo anche un "per fortuna"? Per fortuna non siamo tutti uguali, altrimenti sai che noia, che rovina, che deserto. La diversità è ricchezza e le migliori idee germinano dal confronto. Se tutti noi pensassimo alla stessa maniera, non vi sarebbe che un pensiero soltanto. Unico e solo. Ma quando due pensieri diversi si incontrano e riescono a dialogare, allora ne sboccia un terzo e questa formula matematica, se vogliamo, si ripropone in natura nello spettacolo del concepimento e si concretizza ogni volta nella meraviglia della vita che nasce.

Ma, allora, come si fa ad esercitare l'empatia?

Essere persone empatiche significa riuscire a cogliere i sentimenti e le emozioni dell'altro a partire dalla sua personale ed unica storia di vita. C'è difatti molta differenza tra esprimere un'emozione e dare a quella stessa emozione un senso. Difficile questo concetto, vero? Provo a spiegarmi meglio...

Ricordi cosa ci siamo detti all'inizio del capitolo?

1. Esistono predisposizioni naturali a determinati comportamenti o modi di essere, questo da parte di ogni individuo;
2. La comprensione dell'altro è un precetto cardine per maturare una buona relazione.

Partiamo dal primo assunto:

Esistono predisposizioni naturali a determinati comportamenti o modi di essere.

Parliamo di come si esprime un'emozione.

Sono diversi i modi di esprimere le emozioni e il volto è sicuramente un canale vincente. Attraverso le espressioni noi riusciamo a cogliere alcuni indizi che ci fanno capire l'umore delle persone che abbiamo di fronte. I movimenti delle labbra? L'intensità dello sguardo? Il corrugare o il distendersi della fronte? Sono tutti segnali che ci aiutano a cogliere le emozioni e gli stati d'animo.

Paul Ekman, importante psicologo statunitense, fu un pioniere nel campo del riconoscimento emotivo tramite le espressioni facciali. Secondo Ekman esisterebbero alcune espressioni comuni a tutte le persone del mondo. Tali espressioni sono:

*   Unitarie e chiuse;
*   Universalmente condivise;

- Specifiche per ogni emozione.

Nel momento in cui un'espressione ha queste caratteristiche, allora per Ekman è universale. Indipendentemente dal sesso, dalla razza, dalla scolarizzazione, dalla cultura di appartenenza ecc. queste espressioni emotive sarebbero uguali per te, per me, per chi vive in America o nel deserto australiano. Insomma, anche tra noi e un indigeno della Giungla esisterebbe un terreno comune d'intesa!

Per verificare l'universalità delle emozioni, Ekman condusse un esperimento che lo rese famoso in tutto il mondo. Presentò, ad un gruppo di soggetti provenienti da culture diverse, alcune fotografie raffiguranti volti intenti in una serie di espressioni emotive. Queste fotografie vennero presentate negli Stati Uniti, in Brasile, in Cile, fino in Giappone. La cosa sorprendente è che tutti i soggetti sperimentali associavano ad alcune foto una gamma precisa di emozioni: queste foto rappresentavano quelle che secondo Ekman sono le espressioni emotive fondamentali, ovvero le emozioni primarie del genere umano:

- Felicità;
- Tristezza;
- Rabbia;
- Sorpresa;
- Paura;
- Disgusto.

 Proprio quelle del film Inside Out! (Per i cultori della Disney*).

Qualcuno criticò l'esperimento. Si ipotizzò, ad esempio, come le culture prese in considerazione avessero avuto probabilmente molti contatti fra di loro, tali da creare una condivisione di determinate emozioni. Allora, Ekman con il collega Friesen (1972) effettuò lo stesso esperimento con culture pre-letterate della Papua Nuova Guinea, del Borneo e con i Dani – una popolazione dell'Indonesia.

Il risultato? Identico!!

Se proprio vogliamo essere precisi, a volte l'espressione di sorpresa veniva confusa con quella della paura. Ekman argomentò così questa confusione:

> *"... il primo istante di molte paure non è forse*
> *un moto di sorpresa? Infatti, in un ambiente*
> *naturale praticamente tutto ciò che sorprende e*
> *cioè un evento improvviso o insolito, è*
> *potenzialmente pericoloso ed evoca l'avvicinarsi*
> *di un predatore o di un nemico ..."*

Che si abiti in città – tra lo sfrecciare dei motorini, la disco della movida e il cartellino da timbrare – o che si viva tra il verde delle felci, i tamburi dei rituali ed i tramonti lungo il fiume, qualsiasi siano le nostre vite, le nostre storie, i nostri racconti, siamo uomini tra gli uomini nel mondo. Tutto questo è bellissimo: non so il tuo parere, ma a me piace pensare che il grattacielo della metropoli e l'albero della Giungla condividano assieme la stessa radice comune, che ci rende tutti splendidamente vicini, tutti meravigliosamente umani. Fine della storia? Non proprio!!Abbiamo ancora un assunto, ricordi?

La comprensione dell'altro è un precetto cardine per maturare una buona relazione.

Qui difatti casca l'asino, ma anche il leone ...

Una volta un leone sentì gracidare un ranocchio. Ignorando di chi fosse quella voce e credendo si trattasse di una grossa bestia si diresse verso il suono, ma facendo molta attenzione. Così arrivò allo stagno.

Si fermò per un attimo ad osservare, quasi impaurito... ma poi, appena vide il ranocchio saltare fuori dall'acqua melmosa, si avvicinò e gli diede una zampata esclamando: «Così piccolo e gridi tanto forte?!».

Se è vero che tutti noi proviamo le stesse emozioni, è altrettanto realistico pensare che tali corredi emotivi siano ad usufrutto soggettivo di ogni persona che ne sia dotata. Il caso del leone che scambia la rana per una belva feroce è decisamente esplicativo! Il re della foresta, abituato com'è ad utilizzare la sua voce per intimorire, poteva davvero pensare che un ranocchio si mettesse a "ruggire" per divertimento?

Insomma, non mi vorrai dire che provi gioia nel guardare gli stessi telefilm che entusiasmano tua mamma? O che provi la stessa paura per le uova** che terrorizza tuo zio Gigi? Questo perché non condividete la stessa storia.

- Ognuno di noi è unico ed irripetibile. Certamente vive all'interno di un contesto comune a molti altri individui e questo gli consente di orientarsi; ciò nonostante ciascuno di noi ha un vissuto particolare, un trascorso che lo ha influenzato. Per cui tu avrai certamente un ricordo che al solo pensiero ti fa sorridere, e che fa sorridere solo te o pochi altri. Avrai anche qualche momento spiacevole e persino quello potrà essere esclusivamente tuo.

Per questo motivo essere empatici non significa mettersi nei panni dell'altro, inteso come identificarsi, bensì come comprendere a partire dalla storia di vita che l'altro è disposto a condividere con noi. Non facciamoci cogliere dalla fretta del carbonaio e non lasciamoci intimorire dal primo gracidio sonoro degli altri. Sviluppiamo una sana curiosità. La bellezza del diverso è ciò che muove il nostro intelletto. Ogni passo in avanti nella storia dell'evoluzione, lo dobbiamo anche ad una nostra predisposizione naturale verso il nuovo. Il piacere della scoperta lo abbiamo nelle vene, dai tempi della pietra! Non tiriamoci indietro, non chiudiamoci a guscio nel nostro abbecedario limitato: chiediamo, osserviamo, indaghiamo.

Impariamo a porre le giuste domande, a maturare una curiosità gentile, ma soprattutto esercitiamoci nell'ascolto non giudicante e ad una forma di accoglienza franca e spontanea. In questo modo creeremo relazioni uniche, tra persone distinte che desiderano incontrarsi.

* In *"Inside Out"* felicità e sorpresa sono state raccolte sotto il personaggio di "Gioia".

** La fobia per le uova esiste davvero e ha il nome di *"ovofobia"*.

Rondini, primavere e pregiudizi

Quanto e come i pregiudizi e gli stereotipi influenzano la nostra vita di tutti i giorni...

Questo capitolo comincia con un paio di esercizi. Vuoi provare a farli?

Bene! Allora ti occorre:

- Un foglio
- Una matita

Una volta recuperato il materiale, cominciamo con il...

I° Esercizio

"Shary è riservata e introversa. Quando occorre qualcosa c'è sempre, ma non nutre particolare interesse nelle relazioni personali. Adora invece fare grandi viaggi di fantasia. È una persona calma e precisa: ha la passione per l'ordine. Per Shary ogni oggetto ha un posto e tutto deve essere al posto giusto: tutto tranne i sogni."

Domanda: che lavoro fa Shary?

- Cameriera;
- Contadina;
- Pilota sportivo;
- Bibliotecaria;
- Medico chirurgo.

Hai scelto? Bene, scrivi la risposta sul tuo foglio. Il gioco continua...

II° Esercizio

È il momento di dare un'occhiata a questa figura:

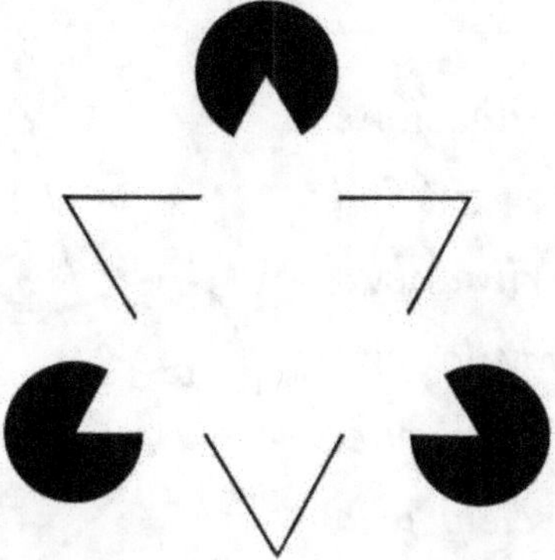

Quanti triangoli ci sono? Scrivi il numero sul foglietto.

III° Esercizio

Immagina di essere al casinò. Ti siedi a un tavolo da gioco e decidi di fare qualche puntata alla roulette. Per la prima manche scegli un generico rosso. *«Rien ne va plus»* esclama il croupier! La ruota comincia a girare, a girare, finché: rosso! Vinci la posta. Ripeti la giocata: il rosso ti ha portato fortuna. Caspita, vinci di nuovo!

Adesso però tocca ancora giocare: guardi il nero, guardi il rosso e decidi nuovamente di affidare la tua puntata al trapezio color rubino. La ruota gira, sembra non fermarsi mai: la pallina salta, sobbalza, rimbalza da un numero all'altro e... «21, rosso!». Evviva!! La fortuna è dalla tua parte! Adesso tocca ancora giocare: ma cosa puntare?

Rosso o nero? E perché? Scrivi sul foglio la tua risposta.

IV° Esercizio

Leggiamo assieme questa favola:

Un giovane spendaccione aveva scialacquato tutti i suoi averi e gli rimaneva solamente il mantello che aveva indosso. In quel momento vide in cielo una rondine. Credendo allora che la primavera fosse vicina, decise di vendere anche il mantello; ma il giorno seguente tornò il brutto tempo e uccise di freddo la piccola rondine.

E mentre anche il giovane moriva di freddo, vedendo l'uccellino stecchito tra la neve disse: «Disgraziata! Con il tuo svolazzare hai rovinato sia te che me medesimo!».

Qual è il primo proverbio che ti viene in mente? Scrivilo sul foglietto.

Abbiamo finito! Cominciamo davvero il capitolo.

Nel nostro vivere quotidiano incontriamo frasi fatte, proverbi, massime e sentenze sono all'ordine del giorno. Le utilizziamo tutti senza neppure accorgercene. E così...

- La nonna è decisamente la migliore cuoca del mondo;
- Il latino non serve a nulla;
- Piove sempre quando scegli di farti un week end fuori porta;
- A notte tarda girano i brutti ceffi;
- L'aeroplano è decisamente più pericoloso della macchina;
- Bisogna diffidare dalle persone con i tatuaggi... ecc.

Possiamo andare davvero avanti all'infinito.

È così naturale pensare che la facoltà scientifica sia nettamente più difficile di una laurea umanistica, che l'erba del vicino sia sempre più verde e che l'ambulanza sfrecci a sirena spiegata per un arresto cardiaco, piuttosto che per un bimbo che ha fretta di nascere. Così è capitato anche al povero ragazzo spendaccione, che vedendo una rondinella nel cielo ha pensato immediatamente che il buon tempo stava per arrivare: il seguito prova che aveva torto.

Ad ogni caso, il giovinotto ha formulato quello che in psicologia viene chiamato pensiero euristico!

- "Euristica" è un termine che indica quelle strategie di pensieri che solitamente accompagnano i nostri ragionamenti frettolosi, le riflessioni che necessitano di una risposta nel breve periodo, ma di cui non abbiamo dati a sufficienza per formulare una dimostrazione reale; oppure semplicemente non abbiamo la voglia o il tempo per trovare una soluzione effettiva.

Nel caso del ragazzo, non è certo una rondine che determina il cambio delle stagioni: vi sono altre variabili molto più valide su cui basare un'inferenza metereologica. Ad esempio, il giovinotto di Esopo avrebbe potuto osservare lo sciogliersi della neve, l'allungarsi delle giornate o le differenze di temperature tra un periodo e l'altro, prima di vendere il proprio mantello. Ha deciso invece di vendere il mantello alla prima rondine che gli è volata sulla testa. Questo perché? Perché ha utilizzato un'euristica.

Non vorrei che tu ora pensassi che le euristiche siano un gap del sistema, qualcosa da evitare in tutti i modi. Non è così, anzi! Sono chiamate appunto "strategie di pensiero" proprio perché il nostro cervello usa questi escamotage per conservare energia. Pensa un attimo se ad ogni tua azione, per qualunque situazione, il tuo cervello dovesse calcolare ogni volta e in modo estremamente rigoroso cause e conseguenze, numeri, statistiche e percentuali. Sarebbe un lavoraccio enorme!!

Il nostro intelletto, invece, è un sofisticato organo parsimonioso: ha sempre il timore che il carburante possa mancare per la mossa successiva, quindi tende ad evitare gli sprechi.

La mente escogita una serie di stratagemmi per fare economia.

Durante il corso della tua vita hai fatto diverse esperienze (dirette o indirette), che il tuo cervello ha catalogato in miliardi di risposte automatiche e generiche, così che tu possa far fronte agli accadimenti più consueti con il minimo sforzo intellettivo.

> *La canna e l'ulivo discutevano su chi tra loro fosse l'albero più resistente, più forte e più sicuro. L'ulivo rinfacciava quindi alla canna di essere debole e facile da piegarsi. La canna, silenziosa, non rispondeva.*
>
> *Non passò molto che si levò una violenta bufera. La canna, per quanto scossa e piegata dalle raffiche, si salvò senza difficoltà; ma l'ulivo, che cercava di resistere ai venti, fu spezzato dalla loro violenza.*

Ecco però un lato oscuro. Se è certo che queste strategie ci aiutano nel nostro quotidiano, è altrettanto vero che possono trarci in inganno o limitare le nostre riflessioni. Come tutte le cose, anche all'euristiche è giusto dare un limite per evitare di diventarne succubi.

Prendiamo ad esempio il caso dell'ulivo, tanto fermo sulle sue decisioni da non riuscire a considerare pro e contro nell'insieme. La canna, intelligentemente, non ha risposto: certa che il discorso sarebbe stato sterile. Difatti, quando le persone s'abituano a ragionare solo per euristiche, diventa complesso poter trovare soluzioni valide ai problemi o argomenti interessanti per arricchire il confronto.

Sono le conversazioni da bar: sul tempo, sul governo ...

«Piove...»

«Piove sempre sul bagnato!»

«Eh, colpa del governo!»

«Già, se solo facessero qualcosa di utile: stanno lì fermi e parlano, parlano e mangiano... parlano e basta»

«E di cosa parleranno mai?»

«... Un altro bianco, per favore. Ah, puoi portarci anche due patatine? ... ma sì, tutti sempre a lamentarsi!»

«E intanto piove!»

«Già, e sempre sul bagnato...».

Da questi loop è davvero difficile districarsi: la canna della storia di Esopo lo sa bene; pregiudizi, stereotipi, falsi miti in cui spesso incappiamo (o peggio ancora alimentiamo) fanno anch'essi parte del mondo delle euristiche.

Se l'euristica si tramuta in pensiero generale rischiamo di non fare davvero i conti con ciò che ci sta attorno. È invece necessario scindere i due concetti ed evitare il pregiudizio granitico e lo stereotipo seriale.

Per farlo occorre mettersi in gioco! Muoversi tra intuito ed analisi.

Non sempre si è disposti ad allontanarsi dalla nostra zona di confort verso qualcosa di incerto, ma la curiosità è un ingrediente fondamentale per la nostra maturità individuale e collettiva. Senza non si cresce.

È quindi bene sottolineare come l'interesse alla riflessione e l'impegno all'integrazione portino sempre frutti e moltiplichino le nostre possibilità.

Da dove cominciare? Dall'essere flessibili, come canne al vento.

Cerchiamo quindi di capire assieme quali siano le euristiche principali e come si utilizzino nel corso della nostra giornata.

Una suddivisione interessante è quella dello psicologo israeliano Daniel Kahneman. Assieme ad Amos Tversky fu pioniere degli studi sui processi decisionali. Nel 2002 vinse l'unico Nobel conferito ad uno psicologo... e lo vinse in economia:

> *"per aver integrato risultati della ricerca psicologica nella scienza economica, specialmente in merito al giudizio umano e alla teoria delle decisioni in condizioni di incertezza".*

Senza il suo contributo, molto di ciò che oggi si conosce sulle euristiche sarebbe ancora sconosciuto.

Kahneman divise i processi decisionali incerti in 3 macro-categorie:

1. Euristiche della rappresentatività
2. Euristiche della disponibilità
3. Euristiche dell'ancoraggio

... Prendi in mano il foglietto che hai compilato ad inizio capitolo; di seguito trovi le soluzioni e le risposte agli esercizi!

Euristiche della rappresentatività

Quanto più A somiglia a B, quanto più allora A sarà rappresentativo di B.

Le euristiche della rappresentatività cercano di raggruppare i pensieri in unità con caratteristiche simili. Catalogano per macro-aree, utilizzando gli elementi chiave che ci circondano. Un esempio è il caso di Shary. Che lavoro fa secondo te Shary? La maggior parte delle persone risponde scegliendo il ruolo della bibliotecaria; questo perché il profilo di Shary ricorda proprio lo stereotipo che tutti abbiamo di chi lavora tra i libri. Una persona tranquilla, sognatrice, sempre disponibile e molto mansueta. Un pilota di corsa non ce lo immaginiamo così, eppure Shary avrebbe potuto benissimo lanciarsi in pista divorando con grinta i chilometri, anche senza dover per forza rientrare nello stereotipo comune del pilota di formula uno ...

⇨ L'euristica della rappresentatività è anche quella che ci fa credere che gli psicologi hanno il potere di leggere nella mente o che le suocere siano per forza terrificanti creature mitologiche. Ma se questi esempi possono strapparci un sorriso, ve ne sono altri che generano pensieri equivoci, fraintendibili e talvolta discriminatori e molto pericolosi.

Alcuni esempi possono essere:

- "Non c'è più lavoro per i giovani";
- "Se non sei un raccomandato non arrivi da nessuna parte";
- "Gli uomini sono tutti dei farabutti";
- "Le donne sono solo delle approfittatrici";
- "Tutti gli stranieri sono delinquenti" ecc. ...

L'euristica della rappresentatività la utilizziamo davvero tanto.
A volte però ne rimaniamo invischiati. Questa non tiene conto
di quanto un evento possa effettivamente verificarsi o delle
percentuali statistiche. Esistono più contadini o bibliotecari?
Ovviamente più contadini, quindi per un gioco di probabilità
sarebbe stato più corretto rispondere "agricoltore" alla
domanda "Che lavoro fa Shary?" eppure...

**Come sfuggono al calcolo e all'indagine, queste strategie
non tengono conto neppure della casualità.**

Riprendi in mano il nostro foglietto. Cosa giocheresti alla
manche successiva ai tre risultati vincenti in rosso? Ebbene,
che tu scelga il rosso, piuttosto che il nero sappi che non
esiste una giocata corretta. Ci sarà sempre il 50% di
probabilità che esca rosso, come che esca nero. Il risultato di
un tiro non è determinato né influenzato dalle sessioni
precedenti.

- Il nostro cervello, per l'euristica della rappresentatività,
  tende a raccogliere dati ed unirli, nonostante questi
  possano non avere alcun legame effettivo.

Come se non bastasse, a sostenere questa modalità di
pensiero c'è anche una buona dose di orgoglio personale:
proprio come nel caso dell'ulivo della favola. Per qualcuno
può essere difficile accettare di avere torto, anche quando
l'evidenza è palese e la bufera sopraggiunge. In quel
momento allora la fa spesso da padrone l'arroganza: si cerca
di affermare la propria posizione, senza mai metterla
seriamente in discussione. Solo che, certe volte, basta il
silenzio del vento a spezzare un pregiudizio.

Euristiche della disponibilità

Quanto più A mi emoziona rispetto a B, allora A è da considerarsi la risposta giusta

Immagina di essere al mare con un gruppo di amici. Uno di questi propone un giro in barca e all'idea di questa piccola avventura, accetti. Al solo pensiero sei già entusiasta! T'immagini al tramonto, su un divano morbido di pelle bianca, mentre sorseggi un cocktail di frutta. Quando arrivi allo scalo, però, il sogno s'infrange. L'imbarcazione non è proprio come te l'aspettavi: è piuttosto piccola, con qualche rivolo di ruggine e puzza di pesce! Per risollevare l'umore del gruppo, un ragazzo propone un bagno... Tutti accettano: tutti tranne te. Un bagno? Lì, in mezzo al nulla? Mentre gli altri sguazzano, il ragazzo si gira e ti invita a tuffarti. «Ho paura degli squali!» dici. Lui ti risponde: «Qua non si è mai visto uno squalo, non è il loro habitat».

"Che giornata strana - pensi - prima la delusione della barca, adesso la gaffe sugli squali" e solo allora decidi di tuffarti assieme agli altri e goderti il mare!

⇨ L'euristica della disponibilità è quella strategia di pensiero che ti permette ti fare una previsione affidandoti a ricordi o eventi che hai precedentemente vissuto, o di cui hai sentito parlare. La fiducia verso una piuttosto che un'altra opzione sarebbe dettata dal trasporto emotivo che l'accompagnerebbe: più un'alternativa ci emoziona, più saremmo disposti ad accettarla per vera!

Così, l'idea di una gita in barca può far pensare subito ad uno costosissimo yatch, mentre le profondità dell'oceano alla bocca ricolma di denti di qualche pescecane.

Ritorniamo invece alla favola del giovinotto spendaccione, che ha venduto il suo mantello alla vista della rondine. Il desiderio del ragazzo era quello di continuare a spendere e spandere, quindi di possedere ancora del denaro liquido per divertirsi. In quel gelido inverno compare una rondine: scatta l'euristica della disponibilità...

Rondine = sta arrivando la bella stagione = posso vendere il mantello

Nonostante il freddo, il gelo e il battere dei denti... l'attivazione del ragazzo era diretta verso l'ambizione di monetizzare.

L'euristica della disponibilità davvero comune e molto spesso ci preserva dai guai e ci tiene lontano dagli inconvenienti. Tuttavia, come per ogni euristica, se utilizzata senza alcun controllo rischiamo di rimanerne succubi. Facciamo qualche altro esempio?

1. Quando si sceglie di non prendere l'aereo per paura: l'idea di una catastrofe sui cieli è certo emotivamente più forte di un incidente in autostrada. Ma se ora ti dicessi che statisticamente la probabilità di avere un incidente in strada è molta più alta dell'imbattersi in un disastro in volo... la considereresti ancora una scelta logica?

2. A tutti sarà capitato di chiacchierare con un amico o con un'amica che frequentano un partner decisamente "poco adeguato" alla vita di coppia, se non violento.

Nonostante centinaia di raccomandazioni e le mille ramanzine, non si riesce proprio ad aprire gli occhi al nostro amico (o alla nostra amica). Perché? Evidentemente non riesce a cogliere la realtà dei fatti... sta vivendo la vita affettiva su un piano euristico!

Euristica dell'ancoraggio

Quando la prima impressione (A) è l'unica che conta!!

Quanti triangoli hai trovato nella prima figura? Beh, la risposta corretta è che nella prima figura non ci sono triangoli. Difatti, perché nel disegno siano presenti triangoli i lati della figura dovrebbero essere chiusi. Il triangolo è una figura piana delimitata da tre segmenti (lati) che congiungono a due a due tre punti non allineati (vertici).

Ora, ti elenco quello che solitamente viene detto a seguito della soluzione:

- "Va beh, ma non bisogna essere così fiscali;"
- "Questo è un imbroglio!"
- "Il triangolo al centro è segnato con un bianco più vivo che lo sfondo" (Su questo ultimo punto ti posso assicurare che la tonalità del bianco della figura e il suo sfondo sono identici; se non ci credi, prova a riprodurla su un foglio e il risultato ottico sarà identico!)

Questa affascinante illusione ottica non è propriamente un'euristica, ma assieme alle "scuse" che formuliamo per giustificare le nostre risposte sbagliate, ci introduce bene al nuovo argomento: ovvero, l'ancoraggio.

⇨ L'euristica dell'ancoraggio è messa in atto quando si tende a confermare o giustificare una scelta, un pensiero o una posizione a partire da una condizione iniziale e senza possibilità di replica.

Quando mettiamo in atto l'euristica dell'ancoraggio, le nostre stime sono condizionate da situazioni iniziali, che accomodiamo in modo da fornire le risposte finali. Si potrebbe descrivere questa modalità di pensiero utilizzando il ciclo *"La prima impressione è quella che conta"* e concludendola con un sonoro *"te l'avevo detto"*.

Spesso, in maniera del tutto automatica ed inconscia, si tende all'ostinazione, aggiustando le nostre risposte, in modo tale che il pensiero iniziale non crolli e che la conversazione termini sempre con la convalida della nostra premessa.

Hai presente quelle situazioni dove magari intavoli un discorso con chi proprio non ne vuole sapere di modificare la sua idea? Non per darti ragione, ma bensì per trovare un terreno comune di confronto? Ecco, in quel caso – spesso – il tuo interlocutore sta utilizzando la strategia dell'ancoraggio. Per lui esiste solo "bianco o nero", non sono possibili sfumature e mediazioni: c'è solo un argomento valido a prescindere (ovvero, non sostenuto da una teoria accreditata e/o dimostrabile) ed uno, invece, da screditare.

Nella favola della canna e dell'ulivo, l'ulivo comincia una discussione basata principalmente sull'euristica dell'ancoraggio: nessuna contro-argomentazione l'avrebbe smosso dal suo punto di vista; difatti, non è un caso che Esopo abbia utilizzato come metafora della prepotenza un legno duro e inflessibile.

Ma la prima impressione è davvero quella che conta?

Credo che questa domanda possa trovare una migliore risposta nel capitolo successivo: andiamo a parlare assieme d'Amore...

Amore e vita di coppia

Quando il cuore batte tra lampade, gatte, dei dell'Olimpo e capelli...

Una lampada ubriaca d'olio splendeva vantandosi d'avere una luce più luminosa di quella del Sole. Ad un tratto, si udì un lieve soffio di vento ed ecco che la luce fu spenta.

Qualcuno allora la riaccese e le disse: «Brilla, oh lampada, e taci. La luce degli astri non si eclisserà mai».

Amore. Personalmente mi piace scriverne il nome con la "A" maiuscola, come fosse un nome proprio. Non merita forse tanta attenzione? L'Amore è spazio, tempo, perdizione ed incontro. Non segue le logiche del raziocinio, non soddisfa i criteri della scienza: è una carica di simboli e sacralità che si strutturano quasi a formare un vero e proprio essere.

L'incontro con l'Amore è di certo tra le più significative esperienze della nostra vita intera: potremmo forse dire che un'esistenza senza Amore non è vissuta appieno.

Assieme all'identità che si struttura dalla Nascita e alla coscienza del limite che si sancisce nella Morte, l'Amore è il terzo elemento di questa affascinante trinità che specifica l'essere umano.

L'Amore è la luce che non si spegne; noi siamo lampade. Lampade che, come nella favola di Esopo, per brevi attimi riescono a cogliere questa immensa luminosità. Poi è vero, basta una lieve brezza per spegnerci; ma quando qualcuno ci riaccende, la nostra nuova fiamma ha una consapevolezza diversa, una luce più autentica: sempre e di nuovo in cerca di quel Sole.

Così, l'uomo ha bisogno di Amore per vivere appieno.

L'Amore è ...

- Spazio: *"Sto tra le nuvole"*;
- Tempo: *"... per sempre..."*;
- Perdizione: *"Sono pazzo di lei"*;
- Incontro: *"Da quanto ti ho trovato, sono un'altra persona..."*.

E molto, molto altro ancora.

Non è semplice dare una definizione di Amore, ma credo che sia necessario uno sforzo. Bisogna parlarne. È necessario: soprattutto in questo momento storico fatto di egoismi sociali, individualità radicalizzate ed abituazioni costanti alla solitudine o all'incontro falsato con l'altro.

Perché l'Amore s'appalesi nella sua pienezza, è indispensabile l'incontro con l'altro (qualcuno che possa accendere la nostra miccia di lampade). È un sentimento che germoglia dalla coppia e sussiste solo dentro un rapporto di fiducia e completa intimità.

Per trattare un argomento tanto complesso in così poche righe occorrerà, mi perdoni fin da adesso il sentimento, utilizzare un po' di quel riduzionismo schematico, che per nulla si addice all'Amore, ma che aiuterà noi comuni mortali a seminare lungo un selciato delle piccole pillole di riflessione.

A tale scopo ho pensato di dividere così il capitolo:

1. L'innamoramento;
2. Cos'è l'Amore;
3. Quando una relazione finisce.

L'innamoramento

Una gatta si era innamorata di un bel giovane. Così, pregò Afrodite di tramutarla in una donna e la dea, mossa dalla compassione per quell'amore, la tramutò in una bella ragazza.

Così, il giovane, vedendo la fanciulla se ne invaghì e la portò a casa. Ma mentre essi se ne stavano sdraiati nella loro camera nuziale, ad Afrodite venne la curiosità di vedere se, cambiando corpo, la gatta aveva cambiato anche le proprie abitudini.

Allora, lasciò cadere nel mezzo della stanza un topino e la ragazza, vedendo il topo, dimenticò le circostanze, balzò giù dal letto e cominciò a rincorrerlo per divorarlo. A quella vista, la dea indignata restituì alla gatta la sua forma primitiva.

Questa favola, scritta 2500 anni fa è la sintesi dell'innamorarsi nel XXI secolo. Ma prima di analizzarla con te, diamo una definizione di quello che è l'atto dell'innamorarsi.

L'Amore, questa pozione magica, si origina da due macro-ingredienti:

- L'oggettività della specie umana;
- La soggettività di ogni essere umano...

In altre parole, una componente dell'innamoramento è data da ciò che attira generalmente un individuo verso il partner; il secondo costituente prende forma a partire dalla storia personale di ognuno di noi. Non sono ingredienti uguali e non ce n'è di regola uno che prevalga sull'altro: ogni persona ha la sua alchimia.

Proviamo a dividere come fa Esopo la parte più istintiva (ovvero quello della gatta), dalla parte soggettiva (cioè quella della donna).

Per quanto riguarda la parte istintiva...

- Tutti noi siamo mossi, attirati e attratti da determinate caratteristiche e specifiche qualità che ci orientano nella scelta del partner. Le donne, ad esempio, sono più propense ad istaurare una relazione duratura con uomini ambiziosi, che possano garantire il sostegno della coppia nel tempo, possibilmente intelligenti e con qualche anno in più! Alti, forti, sportivi e in buona salute. Possibilmente coraggiosi.
  Se poi un uomo è adocchiato da altre pretendenti, risulterà ancora più desiderabile (questo fenomeno è conosciuto con il nome di *"mate copying"*). Anche la parte affettiva non è da trascurare: molte coccole significano fedeltà e rapporti duraturi.

Questo elenco raccoglie ciò che le donne tendenzialmente ricercano in un uomo al primo appuntamento. Le ricerche ci confermano che le donne rispondono con più frequenza agli annunci e alle avance degli uomini con uno status sociale più elevato; in tutto il mondo le donne tendono a frequentare uomini più vecchi di loro ed in salute.

- Come sceglie invece l'uomo la propria partner?
  Sembrerà una banalità, ma l'uomo è decisamente più
  impacciato della donna. Questo perché la natura
  istintiva dell'uomo è quella di corteggiare la compagna
  che più di tutte si presterà a una riproduzione
  soddisfacente e ad un sano proseguimento della
  dinastia. Ciò nonostante, oggi il maschio dell'essere
  umano deve fare i conti con i veloci cambiamenti dei
  canoni di bellezza, oltre al drammatico utilizzo da parte
  del gentil sesso di parrucchieri, trucchi e interventi
  chirurgici... (quante volte gli uomini non si accorgono di
  un nuovo taglio di capelli?). Insomma, la rapidità delle
  mode e la potenza dei sempre più sofisticati artifici di
  bellezza, mandano completamente in tilt lo scanner
  dell'uomo.

Tuttavia, qualcosa perdura nei secoli: la scelta ricade
generalmente su donne più giovani, in media di circa 3 anni;
gli uomini pare preferiscano le donne che si presentano come
attraenti e che utilizzano un tono della voce pacato; una
chioma bionda e un seno abbondante sembra che attirino da
sempre di più.

Non possiamo certo negare che queste caratteristiche non ci
appartengano in quanto esseri umani. Non c'è nulla di nuovo,
nulla che – se vogliamo essere sinceri – non abbiamo già
sentito dire! Difatti, siccome le parole riflettono spesso i nostri
modi d'essere e di comportarci, è abbastanza frequente che le
donne giochino molto le prime puntate della relazione sulla
loro bellezza, come del resto gli uomini sulle loro qualità a
lungo termine.

Non dirmi che quando una relazione finisce non hai mai sentito dire:

- Lui: «Non capisco, cosa ha lui che io non ho?»
- Lei: «Se n'è andato con quella lì. Non è nemmeno bella!»

Queste piccole bussole "primitive" orienterebbero i nostri primi sguardi: sono euristiche (vedi pag. 78), strategie di pensiero che ci consigliano, ma non determinano la scelta!

Nel prosieguo del gioco d'amore ecco che fa capolino un nuovo partecipante: l'identità soggettiva. Da questo nuovo giocatore, che lavora principalmente sulle lunghe distanze, spesso dipende la continuazione o il ritiro della partita. Se dapprima ci lasciamo catturare dai sensi, dal temperamento o dalle pulsioni, l'evolversi della frequentazione tiene conto di altre variabili.

Quali interessi hai in comune con questa persona? Su cosa andate d'accordo, su cosa invece no? Quanto ti è affine o quanto invece poco vi assomigliate? Cosa ti incuriosisce? E c'è qualcosa che magari ti infastidisce? Quali sono i suoi progetti? Ne ha? Si incastrano bene con i tuoi? ... la maturazione dell'innamoramento prevede questo genere di domande ed esige, consciamente o meno, delle risposte che possano aiutarci ad indirizzare o meno i nostri sforzi.

A questo punto è facile rispondere alla domanda del capitolo precedente: la prima impressione è quella che conta?

La risposta è: certamente conta e molto, ma non è tutto. Innamorarsi è un moto altalenante tra il prima, l'adesso e ciò che sarà! È molto importante creare le condizioni adatte, ma poi questi momenti vanno gestiti e indirizzati verso i nuovi orizzonti.

Può quindi essere saggio non fingere al primo appuntamento, mostrando un'immagine di sé che non corrisponde alla realtà. Proviamo piuttosto a migliorare un po' ogni giorno... ma non mentiamo, perché prima o poi i nodi verranno al pettine!!

Altra cosa è invece quando ad "innamorarsi" si è da soli o quando ci si "innamora" di un'ideale...

Laggiù, al di là delle distese verdeggianti, oltre le groppe dei colli e i rivoli dei ruscelli, un trotto coraggioso procede audace dentro quel bosco cupo. L'eroe con il bianco destriero scavalca i rovi, sbaraglia i nemici e si prepara alla grande battaglia contro il dragone sputa-fiamme che sorveglia la torre. Eccolo! Finalmente lo vedi. Con un balzo in avanti la cavalcatura nitrisce e il prode cavaliere mostra il volto.

Bello, con la chioma color del grano e gli occhi celesti, come le creste del mare. Le labbra carnose ti ripetono con voce profonda: «Sono qui, non aver paura!». Lui alza lo scudo, sfodera la spada e carica il mostro. Ma il dragone risponde all'attacco. Gonfia il petto, sputa una gigantesca nuvola di fuoco e... e il tuo principe azzurro si cuoce come un pollo.

Fine dei giochi.

... ma forse è meglio, ma molto meglio così.

Quante volte si spera nel personale "principe azzurro"? Moro, biondo, alto, basso, affascinante, simpatico, entusiasta, stravagante, generoso, affettuoso, ricco, povero ecc. ... ci sono tantissime qualità o difetti su cui si è fantasticato per ore ed ore... Un principe minuziosamente confezionato ad hoc!

Perfetto in ogni minimo dettaglio. Rielaborato negli anni, riadattato alle mode, rimaneggiato alle esigenze. Splendido. Unico.

Nella mente è un meraviglioso progetto di uomo: ora? Resta solo aspettarlo nella torre più alta del castello in mezzo al bosco.

L'esempio è al femminile, ma capisci bene che questa condizione di stallo non fa differenza di genere. Ognuno di noi può, ad un certo punto della sua vita, rivolgere lo sguardo alla solitudine, nella falsa speranza di scorgere all'orizzonte la propria salvezza.

Un simile comportamento ha spesso molto a che fare con un approccio al mondo che cerca la perfezione! A volte ci si convince di averla trovata, ma è solo un'illusione. Perché? Perché la perfezione non esiste, se non talvolta nel miraggio dei nostri pensieri, che in questo caso possono metterci in scacco! Puoi trovare la donna più bella della terra, oppure l'uomo più affascinante... ma la tua mente alzerà sempre di un pochino il tiro, facendoti credere che la perfezione si trova altrove.

> *Non bisogna toccare gli idoli: la polvere d'oro*
> *che li ricopre potrebbe restarci attaccata*
> *alle dita.*

... direbbe Madame Bovary.

La perfezione, nella fase dell'innamoramento, è da ricercarsi (preparati alla bomba!) nell'accettazione e la messa in mostra all'altro delle proprie imperfezioni. Non riusciremo mai a raggiungere la completa perfezione, ma il modo più efficace che l'uomo conosce per avvicinarvisi è l'innamoramento che trova il suo massimo esponente nell'Amore e nell'Amarsi.

Perché ciò avvenga occorre l'intersecazione di due esistenze complete: non basta che la gatta della favola s'invaghisca dell'uomo, come d'altronde non è sufficiente l'istinto – ma perché il dolce sortilegio avvenga sono necessarie due storie che s'incontrino. Nella favola d'Esopo la gatta non è riuscita a reprimere le sue pulsioni perché la sua storia di donna era decisamente troppo povera in confronto ai suoi istinti felini.

Quando invece natura e storia di due persone riescono ad incontrarsi e poi intersecarsi, allora è possibile che l'alchimia accada ed allora sbocci l'Amore.

... Che cos'è l'Amore?

Zeus racchiuse in una giara tutti i Beni e la affidò a un uomo.

Ma l'uomo, curioso, volle sapere che cosa vi fosse dentro quel doglio: smosse il coperchio e quelli volarono su dagli dei.

Se quell'uomo curioso avesse parlato di ciò che avrebbe trovato nell'otre, qualcuno secondo te gli avrebbe mai creduto?

Anticipando i tempi, Esopo e la cultura ellenica avevano già seminato i principi di un melo perché Adamo ed Eva ne cogliessero i frutti cristiani. Riportando i Beni su nel cielo,

Esopo crea la scissione tra terreno e trascendentale: tra l'idea che ognuno si fa del mondo e la visione completa di ciò che gli sta attorno.

Siediti ad un tavolo di dieci amici e domanda loro cosa sia l'Amore: otterrai dieci risposte diverse. Proprio come nella caverna di Platone, in cui ad ogni prigioniero è dato vedere solo una parte di mondo, così anche per noi il mondo ci appare solo attraverso la nostra lente di ingrandimento. Ognuno di noi ha una sua visione del mondo.

Per questo l'Amore umano è di per sé qualcosa di indefinito: non possiamo darne una sola spiegazione precisa. La vera spiegazione, quella completa, rimarrà sempre lassù, tra gli dei!

⇨ L'Amore quindi cos'è? È un tuffo nell'Olimpo. L'Amore è un ponte verso la conoscenza di qualcosa di più grande, che offre nuove prospettive. Platone direbbe che è il viaggio verso la luce del Sole: il prigioniero della caverna che riesce a liberarsi.
Ognuno desidera sperimentare l'Amore. Chiunque di noi ha bisogno della sua ora di libertà dalla grotta del mondo. Una boccata di aria fresca, nuova. Un momento accecante nel quale perdersi. Ciascuno di noi vorrebbe aprire quel doglio di Zeus. Perché la vita ha fame d'Amore.

Ora, ammettiamo che l'uomo curioso sia riuscito a carpire una sfumatura di quella giara, oppure che fuori dalla grotta sia riuscito ad aprire un poco gli occhi alla luce del Sole... A chi potrebbe raccontarlo? Chi gli crederebbe?

Perché la fuga dal mondo avvenga occorre essere in due: qualcuno deve essere lì mentre apriamo la giara dei Beni, per trattenerci a terra e non essere risucchiati dal vortice. Abbiamo bisogno qualcuno disposto a condividere la sua fetta di esistenza con la nostra: le chiavi che aprono le porte delle rispettive prigioni. Per questo l'Amore è crescita e conoscenza di sé attraverso l'altro. Un altro disposto ad accompagnarci nel rapimento o nella fuga.

L'Amore è una dimensione duale: per esistere ha bisogno della coppia. Nell'atto di Amare c'è un desiderio forte di riscoprirsi:

"Da quando sto con te sono un'altra persona"

Dice l'amante al proprio amante. Ed è così. Nell'intimità della coppia, matura la fiducia che scopre i veli del pudore. Di fronte alla persona amata, la nostra identità viene quasi a slegarsi dal corpo nella ricerca di un'unione che per un attimo annulla e ci fa cadere in quell'ampolla di Beni, che sono tornati in cielo.

La coppia, unita per istinto e per affinità, diventa il mezzo con il quale, anche solo nell'attimo passionale dell'orgasmo, perdersi assieme per riscoprirsi nuovi ogni volta. L'Amore allora accade. Per un attimo ritroviamo quella giara di Beni e riusciamo a cogliere nuovi modi di essere, che investono il nostro mondo di significati mai colti prima.

Sembrano parole grandi e lontane, ma pensa all'innamorato che si accorge solo ora dei prati in fiore per accompagnarvici l'amata e ha vissuto per anni nei campi; pensa alla ragazza, che sceglie un altro vestito, diverso dai soliti. Oppure pensali entrambi, che stringono ciascuno un filo di spago che non significa nulla per il mondo che li circonda, ma che per loro è simbolo di una promessa.

⇨ Un vero dono, assoluto, simbolico, ammette solo un destinatario, solo una persona può cogliere il significato di quel dono e in questo si esprime l'unicità della coppia, la bellezza del conoscersi a fondo e del conoscere sé stessi. Quello è il vero dono, simbolico, condiviso. La differenza tra un anello di diamanti e un anello di plastica preso nelle patatine dopo un'uscita romantica al cinema è enorme. Nel dono sta la bellezza della relazione, il valore del dono è condiviso nel tempo: in quel momento c'è un legame, non un debito ed è dentro legami di questo tipo, sganciati dalle abitudini generali e dai luoghi comuni, che la relazione fiorisce ed entrambe le persone crescono, maturano, si arricchiscono.

Il dono più grande di tutti che una persona a cui siamo affezionati può farci è quello del suo tempo, espresso in maniera interessata.

Quando una coppia decide di condividere il tempo, ecco che l'Amore si schiude in una nuova forma – che diventa parallela e custode della prima: la relazione di coppia. All'interno della relazione, convivono istinti e pulsioni di trascendenza, custoditi gelosamente dai due amanti. A garante dell'Amore i progetti futuri, molti adesso in comune.

Ecco che il legame storico tra i due innamorati assicura un incontro costante con l'Amore, ovvero con quella parte di noi curiosa dell'immensità in cui ci si potrebbe perdere se durante l'esperienza non fossimo stretti forti a terra dalle braccia dell'altro.

MA ATTENZIONE, quando una relazione finisce?

Tutti noi ci siamo almeno una volta innamorati e tutti noi ci siamo scottati con il fuoco del disincanto.

Abbiamo provato la timidezza iniziale, la passione dei successivi momenti e poi le difficoltà: le frasi non dette, i pensieri zittiti, le confidenze di coppia taciute. In quel momento ci sono coppie che decidono di affrontare assieme una situazione difficile. Altre coppie, invece, capiscono che la relazione è giunta al termine, che le condizioni per cui era nato il patto d'Amore vengono a mancare.

Può accadere di tutto: la complessità di un simile sentimento si evolve in percorsi che non è corretto generalizzare. Ciò che possiamo dire è che quando un rapporto si incrina tendenzialmente la relazione non consente più quel dischiudersi positivo di significati che si coglie nell'Amore. Può accadere che le persone cambino e non assieme, che gli interessi, le prospettive, gli orizzonti si modifichino.

Quando una persona afferma disperata:

*"Non so più che pensare, non lo riconosco
davvero più!"*

Tra le righe ci sta dicendo:

*"Non so più darmi senso, a dare origine
all'incanto dell'Amore: non riesco più a dare
nuovi significati alla vita!"*

Quindi la vita ci sembra senza senso. Ci sentiamo perduti, ovvero non sappiamo più trovare la nostra dimensione. Tutto questo è normale: siamo "animali sociali" e se la nostra natura e la nostra crescita personale è determinata dal vivere in comune, è abbastanza facile comprendere come, nel momento in cui manchi la coppia, quel "noi" che rendeva possibile l'accadere dell'Amore... ci sentiamo persi!

In quel momento proviamo tutte le soluzioni per ritrovarci: per riposizionarci, per puntare su noi stessi. Una che conosciamo bene tutti? La pausa di riflessione.

Pausa di riflessione? Attenzione! È una trappola!!

Ne abbiamo sentito tutti parlare. Fa paura, speri sempre non capiti a te. Quando succede il cuore si ferma per un attimo e tutto il mondo ti crolla addosso. Un paziente una volta me l'ha descritta così:

> *"È come stare al centro di un gomitolo di pensieri: più cerchi di uscirne, più ci rimani impigliato".*

Stiamo parlando del fatidico "Momento di Pausa" o della tragica "Pausa di riflessione".

Nel caso tu stia vivendo un momento simile o sia di fronte a questa scelta o possibilità, ti metto subito in guardia: Attenzione! Potrebbe trattarsi di una trappola! Ti spiego di seguito il perché...

Cos'è la pausa di riflessione?

La pausa di riflessione è una delle "soluzioni" che la coppia può scegliere di mettere in gioco per risolvere o attraversare un periodo difficile. Quando una relazione si incrina, quando viene a mancare l'intesa o le incomprensioni sono troppo marcate, allora può scattare la pausa di riflessione. Si decide di "affrontare" il momento difficile allontanandosi, sperando che la distanza possa chiarire i pensieri e il tempo possa riordinare l'equilibrio che è venuto a mancare.

Uno dei due propone di mettere in stand-by il rapporto con la timida e fatidica frase: "Forse è meglio se ci prendessimo una pausa..."

A quel punto il partner che subisce la proposta, solitamente la accetta. "Ho rispettato il suo desiderio di rimanere un po' solo/a" dice all'amica, "Forse ha bisogno dei suoi spazi" confiderà all'amico.

Da quel momento comincia un periodo di dubbi, tensioni, paure...

Se hai vissuto una situazione simile o stai affrontando una pausa di riflessione, sai come ci si sente! Si sta in sospeso, si è confusi, la testa si riempie di dubbi che non riesci a scacciare. Mancano le certezze.

Che tu l'abbia proposta o l'abbia subita è sempre un periodo delicato e carico di emotività.

Tutto viene rimesso in discussione, si ha sempre paura di non fare la cosa giusta e soprattutto non si trovano risposte! Questo significa cadere in trappola. L'efficacia della pausa di riflessione? La maggior parte delle volte è praticamente nulla o estremamente casuale, anche quando entrambe le parti desiderano mantenere il rapporto.

Possiamo trovare tutte le scuse e le giustificazioni che vogliamo, ma la pausa di riflessione è spesso controproducente.

Il termine relazione significa *"Riferire a qualcuno"*. Se la relazione si basa sullo scambio e sul confronto puoi ben capire quanto sia assurdo voler riparare o ricucire un rapporto senza che le parti interagiscano.

- Se i tuoi pensieri ti hanno messo in questo guaio, come possono aiutarti ad uscirne? Quando ragioni su qualcuno senza che sia presente, non stai ragionando assieme a lui, ma solo tra te e i tuoi pensieri, gli stessi pensieri che ti hanno portato a quella situazione di stallo. Insomma, è un circolo vizioso, una vera e propria trappola!

Non si fanno i conti senza l'oste. Provare a trovare in solitario una soluzione per la coppia è come decidere dove uscire con gli amici il sabato sera... senza averli interpellati.

Le scelte comuni hanno sempre bisogno di momenti di confronto.

C'è differenza tra supporre e verificare. Affidarsi solo alle nostre ipotesi non sempre funziona. Le migliori conclusioni si hanno tramite i riscontri e l'esperienza. Se ti basi solo sulla teoria senza metterla alla prova, prenderai decisioni parecchio distanti dalla realtà.

I rapporti hanno bisogno di cure. Non cadiamo nell'errore di credere che il tempo possa davvero guarire un rapporto di coppia. Pensa ad una piantina che ha bisogno di sole e di acqua per vivere: se uno dei due componenti o entrambi mancano... come puoi pensare che la tua piantina cresca?

Quali soluzioni quindi alla pausa di riflessione?

La pausa di riflessione è un tranello che ci immerge in un oceano di dubbi e di domande a cui è difficile trovare risposta. Perché? Beh, semplice... perché la risposta non ce l'hai tu. Forse ce l'ha l'altra persona... O meglio, è il confronto responsabile di entrambe le parti che potrebbe trovare una soluzione al momento difficile della coppia.

I problemi vanno affrontati insieme. Riuscire a mantenere un "noi" in una situazione complessa è sinonimo di crescita e rafforzerà notevolmente il rapporto. Ma...

C'è un ma, non sempre le pause di riflessione hanno la funzione di riparare i rapporti. A volte ci sono rapporti che non hanno motivo di essere riallacciati.

La pausa allora può essere utilizzata per chiudere un rapporto, senza dare particolari spiegazioni. A volte, dietro particolari gentilezze o premure si nasconde solo tanta paura per il cambiamento. Anche in questi casi, rinchiudersi da soli tra le mura di casa è sbagliato!

Ricordi? Se i tuoi pensieri ti hanno portato a buttarti sul letto, non saranno gli stessi a ridarti le giornate di sole. Esci! Incontra! Chiacchiera e concediti dei momenti di svago, senza sentirti in colpa o in debito. Rimetti in moto l'esperienza del mondo ed il mondo ti ricompenserà con un nuovo futuro, cominciando da te, dai tuoi progetti e da nuovi e ricchi capitoli della tua vita.

Per quanto riguarda il tradimento?

Un uomo brizzolato aveva due amanti: una giovane e una vecchia. La fanciulla gli strappava i capelli grigi, per farlo sembrar più giovane; quella vecchia gli toglieva i capelli sani, perché sembrasse più anziano.

Così l'uomo si trovò presto calvo.

Zona calda quella del tradimento: entriamo in un campo dove in gioco ci sono molti fattori, mille variabili e miliardi di possibilità. Capisci bene che se fare una sintesi dell'Amore (sentimento che tutti mette d'accordo e riavvicina) risulta estremamente difficile...

Parlare del tradimento (atto principe della discordia) diventa assolutamente complicato!!

Siamo tutti d'accordo che trovare un senso generale ad una decisione talmente intima, soggettiva e personale diventa davvero qualcosa di molto riduttivo. Ogni vicenda ha i suoi passaggi e le origini di tali passaggi sono da ricercarsi nelle trame specifiche di quella stessa storia. Tuttavia, proviamo almeno a trovare un senso comune del perché del tradimento, delle motivazioni che spingono al gesto e delle conseguenze che questo può portare alla coppia.

Per farlo, mettiamoci un attimo nei panni dell'uomo brizzolato e proviamo a riscrivere la favola dal suo punto di vista.

Un uomo brizzolato aveva da tempo una relazione con una donna più giovane di lui; le cose non andavano benissimo perché con il passare degli anni gli interessi di entrambi erano molto cambiati e i due non trovavano più punti in comune.

Un giorno l'uomo incontrò per caso una donna, più vecchia di lui, ma che al contrario della compagna condivideva con lui diverse passioni. Spinto dalla curiosità e dall'intesa, approfondì la conoscenza e finì per diventare il suo amante... Ora, però, l'uomo era di fronte ad una scelta difficile: mantenere un rapporto rodato oppure lanciarsi in una nuova avventura?

Fu così che prese tempo... e mentre cercava di trovare una soluzione al dubbio, la fanciulla gli strappava i capelli grigi, per farlo sembrar più giovane; quella vecchia gli toglieva i capelli sani, perché sembrasse più anziano.

Così l'uomo si trovò presto calvo e solo.

Rileggendo così la storia, siamo ancora tutti certi a voler mandare al patibolo l'uomo? (Prima di rispondere ricorda che ti ho domandato di metterti nei suoi panni!)

Questa persona si trova in un bel guazzabuglio:

- Lui è un uomo brizzolato e quindi tendenzialmente di mezza età: bicchiere mezzo pieno o bicchiere mezzo vuoto?
- Da una parte ha una storia consolidata, con una giovane donna, ma con cui non condivide più interessi;
- Dall'altra una nuova avventura, forse un azzardo, una donna più anziana che condivide con lui molte passioni, ma con cui non ha mai effettivamente convissuto assieme;

La situazione a mio parere un poco cambia, come si modifica anche la lettura del "tradimento". Con questo non voglio giustificare ogni tipo di scappatella o d'infedeltà: la dimensione della coppia sussiste anche grazie al rispetto reciproco ed alla responsabilità del singolo sulla relazione. Ciò nonostante, a volte il tradimento può tramutarsi in un escamotage, più o meno consapevole, di salvaguardare o chiudere un rapporto.

È significativo l'esempio dell'uomo anziano con due amanti, una vecchia ed una giovane, perché Esopo ci mette di fronte a due possibilità sicuramente differenti tra loro. La scelta allora sta nel quale strada perseguire, per garantire alla coppia o un inizio promettente, o la garanzia di un rappacificamento consapevole.

- Se difatti l'esperienza diretta è uno degli strumenti più
  forti che l'uomo possiede per trarre delle inferenze, è
  possibile che lo stesso atto del tradire, o anche solo il
  pensiero del tradimento, possa tramutarsi in una
  scintilla di riflessione (positiva o meno) per un
  rapporto che vacilla.

Certo, possiamo pensare e concordare magari assieme che
esistano altre vie più eleganti, meno offensive o socialmente
condannate, ma la ricerca della propria identità – abbiamo
visto – non sempre segue le regole della logica e della legge
dell'uomo, quanto invece è comandata dalla sregolatezza
dell'Amore e dal suo legiferare sull'uomo stesso: (anche) così è
la vita.

Storie di pancia e disturbi alimentari

Nel panorama dei disturbi psichici, una posizione emotivamente rilevante è certamente dedicata a tutti quei disturbi che interessano lo stare a tavola.

Mangiare, difatti, non è solamente un bisogno fisiologico: il pasto è un rito sociale, un momento quasi liturgico della convivenza comunitaria. Non è un caso che molte discussioni si stemperino con cene abbondanti e non è insolito che vassoi e portate fungano da pacieri per lunghe inimicizie o complesse discordie. In questi frangenti, lo stomaco è quel mezzo che permette la relazione e chissà se, quando è stato coniato l'intercalare *"Pancia mia fatti capanna"*, qualcuno inconsciamente abbia riflettuto sull'effettiva validità sociale che si nasconde dietro alla speranza che l'intestino s'allarghi tanto da diventare il tetto di un'abitazione.

Pasteggiare è casa. Durante le feste si torna alle mura d'origine, le ricorrenze e gli anniversari si festeggiano con grandi banchetti. Persino il lutto, in alcune zone della nostra penisola, è affiancato da un'offerta di cibo e supporto alla famiglia addolorata dalla perdita del un proprio caro.

Può succedere però che lo stomaco, custode dell'intesa, della fratellanza e del piacere dei rapporti umani, ad un tratto si freni e non riesca più a creare quella chimica fatta di piacevoli mugugni, felici brontolii e contagiosi appetiti. Può accadere allora di non avvertire più la fame, oppure di concedersi troppe ghiottonerie – consapevoli di esagerare, ma incapaci di fermarci. Può sembrarci stuzzicante qualcosa di non commestibile, come possono diventare sopportabili i crampi della fame. In queste occasioni e in tutte quelle dove il rapporto con il cibo cambia in maniera distonica, il nostro corpo ci sta dando un segnale: dobbiamo fare attenzione.

I disturbi dell'alimentazione sono quei disturbi che hanno come tempio del malessere il corpo.

> ⇨ I disturbi della nutrizione e dell'alimentazione sono caratterizzati da un'irregolare assunzione di cibo: ciò ha come risultato un alterato consumo o assorbimento degli alimenti e si declina in una compromissione significativa della salute fisica e del funzionamento psicosociale.

A differenza di quanto si possa comunemente pensare, tali disturbi non colpiscono solo il genere femminile: studi recenti evidenziano come almeno un paziente su quattro con disturbi dell'alimentazione sia di sesso maschile.

La persona con un disturbo dell'alimentazione può decidere di farsi prendere dai morsi della fame, oppure concedersi ripetute abbuffate alle quali possono seguire condotte eliminatorie (induzione del vomito, uso di lassativi, ecc. ...). Talvolta il cibo diventa totalizzante, altre volte la selezione della pietanza assume tratti maniacali. Può capitare anche che qualsiasi oggetto diventi "cibo".

È il caso della PICA, disturbo che consiste nell'ingerire in modo persistente sostanze non commestibili...

Una donnola entrò nell'officina di un fabbro e vide che c'era una lima. Iniziò quindi a leccarla.

Accadde, così, che a forza di sfregare la lingua contro il ferro, la donnola si tagliò la lingua ed il sangue cominciò a colare in abbondanza. Quella, però, era felice, perché s'illudeva di succhiare qualcosa dalla lima e invece finì per rimetterci la lingua!

⇨ La PICA è un Disturbo della Nutrizione e dell'Alimentazione. Si contrassegna per l'ingerimento di sostanze non commestibili. Tipo? Stoffa, capelli, lana o terra! Questo comportamento alimentare deve persistere per almeno un mese ed ovviamente non deve essere una pratica culturalmente sancita o normata. Per esempio, in alcune popolazioni mangiare terra può avere un valore spirituale, medico o sociale: in quel contesto nutrirsi di terra non è considerato PICA.

Le donnole, invece, non hanno una dieta a base di... lime! Per questo, il comportamento della donnola della favola è insolito rispetto al fare comune. Provare a nutrirsi di ferro battuto non è certo qualcosa che si vede tutti i giorni tra i roditori: per questo potremmo quasi avere il sospetto che la nostra piccola bestiolina possa soffrire di questo disturbo (oltre ad avere una buona dose di masochismo!).

Solitamente, le sostanze ingerite tendono a variare con l'età. Inoltre, per evitare diagnosi affrettate si tende a considerare il disturbo dopo i 2 anni di età (i bambini hanno un po' la tendenza a mettere in bocca tutto!). Sapone, unghie, borotalco e carta! Stoffa, carbone, amido o gomma... sono solo alcune delle sostanze che vengono ingerite. Il disturbo non risparmia neppure la gravidanza e può presentarsi assieme alle tipiche voglie. Ad esempio, oltre al desiderio di fragole o cioccolata, chi soffre di un disturbo dell'alimentazione PICA può desiderare un cubetto di ghiaccio o addirittura un pezzo di gesso!

Solitamente, la PICA si verifica durante il periodo dello sviluppo e comunemente l'esordio avviene in età infantile. Ciò nonostante, vi sono casi riportati anche in adolescenza e in età adulta: spesso in un contesto di disabilità intellettiva o altri disturbi mentali. Come già accennato, un disturbo alimentare di questo tipo è stato diagnosticato anche durante alcune gestazioni. Pare non vi sia una particolare differenza tra i generi: la PICA colpisce sia maschi che femmine. L'abbandono, la mancanza di controllo e il ritardo dello sviluppo aumentano il rischio di questa condizione.

La PICA può compromettere in modo significativo il funzionamento fisico. Spesso il paziente non riferisce il deficit o considera la pratica come qualcosa di comune, non insolita: è il caso della donnola, che confusa dallo sgorgar del sangue, non riesce a cogliere di essere lei la parte ferita della storia, e non invece la lima. Esopo sottolinea questo passaggio nella favola, descrivendo il roditore come "felice" e quindi del tutto inconsapevole! In questi casi di PICA si viene a conoscenza del disturbo a seguito di complicazioni cliniche generali. Esempi possono essere problemi legati all'ostruzione o alla perforazione intestinale; infezioni come toxoplasmosi o toxocariasi; avvelenamento... dovuto spesso all'ingestione di vernici a base di piombo!

Certamente la PICA è un disturbo alimentare davvero curioso, ma questo non deve per nulla sminuire la serietà della patologia. Se diagnosticata, la PICA va seguita tramite un responsabile progetto di cura. Gli ingredienti principali di questo percorso?

- Un buon supporto psicologico/psicoterapeutico;
- Un importante impegno da parte del paziente.

Ma torniamo ai disturbi d'alimentazione nella loro cornice generale, e facciamolo assieme alla favola che segue. Ci aiuterà a comprendere meglio quale possa essere l'origine di un disturbo tanto pericoloso, quanto totalizzante.

Alcuni cani avevano visto delle pelli messe a bagno nel fiume e al branco venne in mente di prenderle. Non riuscendo però ad afferrarle, stabilirono allora di bere prima tutta l'acqua del fiume...

E fu così che creparono a forza di bere prima di giungere a toccare le pelli!

Prima considerazione: non c'è da confondere la sede del malessere con la sua causa.

Lo stomaco dei cani di Esopo non ha colpe: è solo il contenitore di una relazione difficile. Nella favola infatti stona subito la decisione del gruppo, una decisione sbagliata dal principio e viene da domandarsi come mai nessuno abbia posto un dubbio, fatto una domanda, delineato un confine...

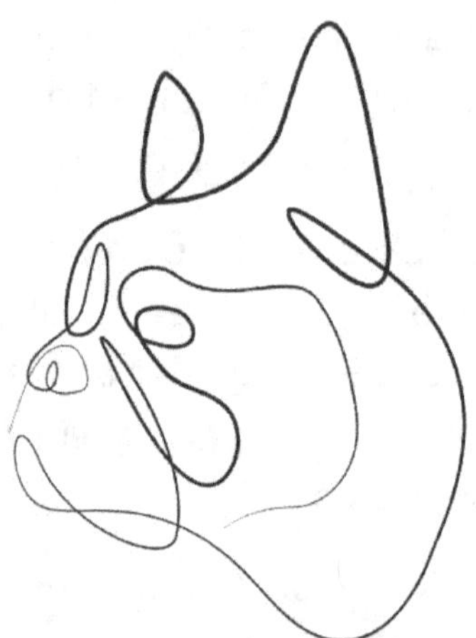

Spesso le origini dei disturbi dell'alimentazione sono da ricondursi ad una causa esterna alla carne, che si radica nella difficoltà di una relazione sana e autentica con il prossimo.

È il caso del ragazzo culturista, che non riesce a concedersi una pizza con gli amici per paura che possa incidere troppo sulla sua dieta o della ragazza che orienta il trucco su uno stile iper-seduttivo, per essere certa di piacere al primo appuntamento. Entrambi puntano tutto sul corpo, non cogliendo la sfumatura che nel sottobosco delle loro azioni si nasconde un desiderio di autonomia e d'identità, che non è raggiungibile attraverso la centratura su sé stessi.

Il corpo diventa quindi strumento di demarcazione dall'altro; prima di qualsiasi ideale, interesse o pensiero.

Può diventare una gara a chi beve più acqua, oppure i brontolii dello stomaco o la sete possono rassicurarci sulla nostra autonomia: magari l'eccedere oltre il limite può, nella solitudine del gesto, farci sentire capaci, padroni di noi stessi. Tutto questo ovviamente dura poco, perché all'illusione della conquista segue il palesarsi di un nuovo senso di perdita: per comprenderci abbiamo bisogno di un rapporto sano con l'altro. È la differenza tra continuare a bere e tacere, auto-ingannandosi di far parte di un gruppo, oppure trovare il coraggio di parlare e cominciare ad esistere come persona singola ed autentica in mezzo e assieme agli altri!

L'anoressia nervosa

Tra tutti i disturbi dell'alimentazione, certamente quello più conosciuto è l'anoressia nervosa.

Si tratta di un disturbo i cui criteri diagnostici si possono così sintetizzare:

- Restrizione nell'assunzione di calorie in relazione al bisogno effettivo. Questo porta ad un peso corporeo significativamente basso nel contesto di età, sesso, traiettoria di sviluppo e salute fisica;
- Intensa paura di aumentare di peso o di diventare grassi, o comportamenti che interferiscono con l'aumento di peso;
- Alterazione del modo in cui viene vissuto dall'individuo il peso o la forma del proprio corpo, eccessiva influenza del peso o della forma del corpo sui livelli di autostima, oppure persistente mancanza di riconoscimento della gravità dell'attuale condizione di sottopeso.

L'esordio è prevalentemente in adolescenza. In questa fase di sviluppo il cervello si trova in una fase vulnerabile di riorganizzazione. La malnutrizione durante questo periodo cruciale può influire negativamente sullo sviluppo cerebrale. È possibile che anche il cervello risenta della fame e compaiano dei sintomi comportamentali come:

- Rigidità;
- Disregolazione emotiva;
- Difficoltà sociali.

Alcuni sintomi si risolvono con l'aumento di peso e il ristabilirsi della massa cerebrale. Si possono rilevare delle alterazioni anche attraverso l'elettro-encefalo-gramma, il quale può evidenziare anomalie diffuse connesse ad una encefalite metabolica.

Alcune conseguenze possono mettere anche in pericolo di vita, come gli sbilanciamenti elettrolitici (ipocalcemia) causati dal vomito ripetuto o dall'abuso di lassativi e diuretici. Questi comportamenti possono infatti portare a disidratazione, la quale a sua volta (in rari casi) può condurre ad insufficienza renale. Inoltre, le carenze nutrizionali aumentano il rischio di aritmie cardiache e infezioni ricorrenti.

- Le più importanti ripercussioni sulla salute riguardano il sistema scheletrico, quello riproduttivo e il cervello. Problemi dentali, ritardo di crescita, e osteoporosi possono essere conseguenze a lungo termine dell'anoressia. Perdita di massa ossea in sede lombare della spina dorsale, nel radio e nel femore possono inoltre aumentare il rischio di fratture, cifoscoliosi e dolore cronico. La fertilità delle donne con anoressia risulta notevolmente ridotta. I figli di madri anoressiche presentano un peso alla nascita significativamente inferiore.

Abbiamo quindi elencato i sintomi e le conseguenze, ma da cosa può originarsi l'anoressia? Cerchiamo assieme di formulare alcuni spunti su cui riflettere. In questa operazione, la favola di Esopo, per quanto sia crudele, ci può dare una mano!

Una volpe affamata, vedendo nel cavo di una quercia del pane e della carne lasciati da qualche pastore, vi entrò dentro e li mangiò. Ma quando ebbe la pancia piena, non riuscì più a venir fuori dall'albero e cominciò a lamentarsi!

Un'altra volpe che passava di là per caso udì i suoi lamenti e si avvicinò chiedendole il motivo. Quando seppe l'accaduto disse: «E resta lì, finché non sarai tornata com'eri quando ci entrasti: così ne uscirai facilmente!»

La volpe della favola è sola ed affamata. La soluzione migliore che trova al saziarsi è quello di entrare nel cavo di un albero dove all'interno i pastori solitamente custodivano il cibo. Questo incipit ci può aiutare a capire il meccanismo che innesca l'anoressia: c'è un bisogno identitario (espresso qui dalla fame), che deve essere colmato. Per rispondere al richiamo, la volpe si infila nel cavo di un albero: un ambiente ristretto, circoscritto, che taglia i ponti e permette un incontro ridotto con l'altro e spesso circoscritto alla casualità.

Questo accade anche per le persone; chi soffre di un disturbo anoressico tende ad isolarsi ed impoverisce il suo tessuto sociale. Il desiderio di confronto, di riconoscimento attraverso il rapporto viene meno o si distorce. Si tende a deformare la relazione: basandola più sullo scontro, che sul confronto; più sulla competizione, che sulla collaborazione; più sull'assolutismo, piuttosto che sull'apertura al prossimo. Questo atteggiamento si tramuta in una prigionia volontaria. Non tiene conto del bisogno vitale di identificazione e così, anche all'interno del cavo di un albero, s'avverte la necessità di riferirsi a qualcuno.

Il corpo a questo punto diventa l'unico interlocutore.

Affamato, affaticato, spossato. Dentro il buio della solitudine il corpo si fa sentire: brontola, s'affanna, si contorce... comincia un dialogo che dà valore al corpo e lo trasforma in una vera e propria presenza con cui parlare e confrontarsi dentro il cavo dell'albero. Degli altri non si avverte più il bisogno.

Questo accade spesso nell'anoressia: per cui al progredire del calo ponderale della persona segue anche un sempre più marcato ritiro sociale. Il corpo diventa il polo su cui sintonizzarsi; una relazione distruttiva che porta a svincolarsi dal contesto sociale.

Aiutare la persona con disturbo anoressico non è facile.

Anche su questo ultimo punto la favola ci dà una mano. Per prima cosa ti faccio notare che l'altra volpe passava di lì per caso: questo è abbastanza rilevante. Utilizzando la favola come espediente, possiamo dire che la persona con disturbo anoressico non cerca attivamente il confronto. I discorsi sono sempre molto superficiali. Spesso la persona con disturbo anoressico cerca di spostare l'attenzione sul corpo, essendo il corpo un argomento di cui si sente particolarmente sicura. È chiaro allora come sia difficile prestare supporto a chi non si concede l'apertura alla relazione.

La volpe libera della favola non riuscirà nel compito! Ammonirà la compagna dell'albero e se ne andrà via. Forse, tramite quella ramanzina avrà pensato di instradare l'altra volpe verso una soluzione, ma si sbaglia! Questo accade anche quando, nel tentativo di dare sostegno a chi soffre di un disturbo dell'alimentazione, proviamo a far riflettere su peso, forma e corporeità.

Ragionare su quel corpo che è diventato un campo da battaglia e nel contempo primo interlocutore della persona che soffre è controproducente. Frasi del tipo:

«Devi mangiare di più!»

Oppure...

«Non vedi che sei pelle e ossa!»

Non stimolano il cambiamento ed anzi possono essere un rafforzativo, un incentivo ad essere ancora più performanti, a superare il limite.

Occorre invece arricchire l'esperienza di nuovi spazi. Fermarsi, ascoltare, anche il silenzio. Condividere con delicatezza la sofferenza e offrire lievemente nuovi angoli di confronto, nuove parole, diversi significati.

Il passaggio non è facile. Uscire dal tunnel può richiedere molto tempo e tanti tentativi diversi. In questi casi, ricordiamoci sempre che l'aiuto e il supporto di un professionista della salute mentale, di uno psicologo, di uno psicoterapeuta o di uno psichiatra possono migliorare significativamente il nostro agire e quindi incidere positivamente sul risultato finale.

Quando i leoni diventano tristi

Parliamo di depressione e disturbi dell'umore

In questo capitolo parliamo di depressione.

Succede durante il corso della vita di sentirsi tristi, di soffrire, sperimentare momenti di solitudine, di delusione o frustrazione. Un litigio in famiglia, l'esame da ripetere, un amore finito male, la perdita del lavoro, il lutto di una persona cara: sono tutte situazioni in cui sperimentiamo il dolore.

⇨ Ma anche la sofferenza è funzionale alla vita. Qualcuno può fantasticare dicendo: "Come sarebbe bello il mondo senza pericoli, difficoltà, imprevisti ecc. ..." ma sappiamo bene che non è così. Il dolore può diventare un campanello d'allarme o un'etichetta per dare un preciso significato a situazioni decisamente toccanti o a cui occorre prestare particolare attenzione. Così, sperimentando il dolore possiamo tradurlo in riflessione e quindi tramutarlo:

- In pensieri più maturi, per sopportare quegli episodi che non conoscono alternative al loro decorso naturale;
- In azioni più efficaci, per affrontare in modo differente quegli avvenimenti che possono essere modificati dal nostro agire!

Può accadere, però, che certi episodi ci facciano sentire impotenti, che situazioni spiacevoli, prolungate nel tempo, usurino la nostra buona volontà. A volte può succedere di sentirsi smarriti, inadeguati, finiti. La sensazione è quella di un

"

buco nero, di un nulla che soffoca, di un niente che distrugge ogni speranza. Questa tonalità emotiva è tipica del disturbo depressivo. Può capitare a tutti, persino ai leoni...

Il leone si lamentava spesso con Prometeo che l'aveva fatto grande e bello, e gli aveva armato di zanne le mascelle, e gli aveva munito di artigli le zampe, e l'aveva reso più potente di tutte le altre bestie...

«Ma con tutto questo – diceva – io ho paura del gallo!».

E Prometeo gli rispose: «Perché mi accusi a vanvera? Da parte mia, tutto quello che potevo fare per te l'hai avuto. È il tuo coraggio che, davanti a questa bestiola, vien meno!».

Quindi il leone piangeva su sé stesso, accusandosi di viltà, e alla fine decise di togliersi la vita. Nel tragitto incontrò l'elefante e si fermò a parlar con lui. A un tratto notò che quello continuava a scuotere le orecchie e gli chiese: «Che cos'hai?».

L'elefante rispose: «Vedi quella zanzara? Se mi entra nell'orecchio io son bel che morto!». «Perché dunque togliersi la vita – pensò allora il leone – se sono così potente e tanto più fortunato di questo enorme elefante?».

Un giorno le lepri, riunite tutte assieme, si lamentavano fra loro di avere una vita così incerta: esse infatti erano preda degli uomini, dei cani, delle aquile e di molti altri animali.

Decisero dunque di farla finita. Presa questa decisione, corsero tutte assieme verso uno stagno per poi lanciarsi dentro ed affogare.

Le ranocchie, che stavano accoccolate attorno a quel laghetto, appena sentirono il rumore di quella corsa, schizzarono impaurite dentro l'acqua.

Allora, una delle lepri che sembrava più sveglia delle altre disse: «Altolà compagne! Risparmiamoci la vita, dal momento che abbiam veduto che ci sono animali che stanno peggio di noi!».

Queste favole, tra loro molto simili, ci raccontano bene due episodi di disturbo depressivo. Nella prima storia, il leone si sconforta a seguito di una riflessione su ciò che lui considera un difetto; le lepri, invece, cadono in depressione per la loro inadeguatezza ai pericoli della vita.

La depressione per come la conosciamo tutti è classificata nel Manuale Diagnostico dei Disturbi Mentali (DSM-5), sotto il nome di *"Depressione Maggiore"*. I presupposti per una diagnosi di depressione maggiore sono la presenza di almeno cinque di questi sintomi per almeno due settimane:

1. Umore depresso durante la giornata, quasi ogni giorno;
2. Perdita o diminuzione marcata di piacere e/o di interessi per tutte (o quasi) le attività della giornata;

(Almeno uno tra questi due sintomi deve essere sempre presente, seguono poi...)

3. Perdita o aumento di peso significativamente importante e non riconducibile ad una dieta;
4. Insonnia (non riuscire a dormire) o ipersonnia (dormire molto più del comune);
5. Agitazione psicomotoria, o viceversa rallentamento nelle azioni quotidiane;
6. Mancanza di energie e spossatezza;
7. Sentimenti di autosvalutazione, sensi di colpa inappropriati e/o eccessivi;
8. Diminuita capacità di pensare e di concentrarsi;
9. Pensieri ricorrenti riguardo la morte e, in alcuni casi, rivolti a ideazioni suicidarie (senza però un piano specifico o un tentativo effettivo di tentato suicidio).

Tutti questi sintomi devono causare nella persona un disagio clinicamente significativo e la compromissione della vita in società (vedremo più avanti che non per tutti è così). Inoltre, tali sintomi non devono essere attribuiti ad effetti fisiologici indotti da sostanze, farmaci o altre condizioni mediche.

Per quanto riguarda il leone, possiamo diagnosticare al felino un disturbo depressivo maggiore per i punti 1, 2, 7, 8, 9; per quanto riguarda le lepri: 1, 2, 5, 7, 8, 9.

In entrambi i casi si assiste ad un'interruzione della vita: c'è uno stallo, qualcosa non funziona più. I meccanismi che governano il futuro sembrano essersi inceppati.

La depressione è difatti un'impotenza protratta nel tempo, nello spazio e con il prossimo.

La persona con un disturbo depressivo si sgancia dal tempo del mondo. È come se si slegasse dal naturale trascorrere della storia. Nel disturbo depressivo il passato non scivola dietro le spalle, il presente non viene colto nelle sue possibilità e quindi il futuro non ha motivo di germogliare. Tutto rallenta, fino quasi a fermarsi.

Lo spazio si restringe. Diventa astratto, inaccessibile, staccato dalle possibilità d'azione del corpo, come se ci fosse un gap tra la persona e ciò che ci circonda. Nessun oggetto è più a portata. Tutto è inutile e lontano. Il campo si restringe fin quando non si limita al proprio sé. Isolato, nullificato, privo di qualsiasi possibilità di condivisione, dialogo, relazione: la persona con disturbo depressivo si fodera nel vuoto.

Quando le relazioni si chiudono manca quella risonanza inter-affettiva che arricchisce i pensieri del singolo e lì svincola dal pensiero solitario. A questo circolo vizioso consegue la rovina dell'io. Senza relazioni né esperienze, la persona si sfibra e la sua vita perde di colore. La sua identità tende a costringersi e a ridursi: questo lo si avverte anche dalla qualità dei dialoghi, sempre più poveri di parole e di contenuti. Chi soffre di disturbo depressivo spesso comunica in maniera stereotipata, tramite un continuum d'insistenti lamentazioni; talvolta non comunica affatto.

Torniamo ancora alle nostre favole...

Nei racconti ci sono delle differenze tra gli stili depressivi dei personaggi. Queste caratteristiche ci saranno più chiare analizzando come gli animali delle due favole hanno rispettivamente fronteggiato le difficoltà. Il leone come prima risposta al dramma si lamenta. Bisticcia con Prometeo e poi si rintana da solo a piangere con sé stesso. Solo dopo, come atto estremo, sceglierà la via del suicidio... Le lepri, invece, una volta "rielaborato" sfavorevolmente il problema, scelgono immediatamente di tuffarsi nel lago!

Secondo te perché il leone dapprima si è lamentato, mentre le lepri hanno preso subito una decisione (seppur drastica e certamente discutibile)? Ebbene, in parte la risposta possiamo trovarla nelle cure di mamma leonessa e di mamma leprotta.

Lo stile con cui fronteggiamo i momenti dolorosi non è del tutto causale: ricordi il capitolo sull'infanzia? (vedi pag. 17) Ecco, molte delle strategie che utilizziamo quando siamo in difficoltà sono influenzate dalle relazioni di attaccamento genitoriali (ovvero da come mamma e papà si sono presi cura di noi)! Probabilmente, il leone ha avuto una madre molto emotiva, che durante la sua infanzia ha coccolato abbondantemente il suo cucciolo, cercando di evitargli qualsiasi tipo di sventura o difficoltà; mamma lepre, invece, forse troppo occupata a gestire una prole numerosa, deve aver lasciato più liberi i propri piccoli. Nel tempo, ogni leprottino ha maturato strategie e soluzioni rapide per rispondere alle incertezze... non sempre in modo del tutto adattivo!

> ⇨ In questo caso, sia una che l'altra scelta portano con sé pregi e difetti. Vi sono punti di forza (come di debolezza) tanto nella difesa, quanto nell'attacco e persino nella fuga. Quale allora la soluzione migliore? Beh, come si dice spesso: la virtù sta nel mezzo! Forse la migliore soluzione sta allora nel comprendere quale sia la strategia più adatta al problema che stiamo affrontando!

Perdita, separazione, rifiuti sono tutti accadimenti che conferiscono tonalità cupe alla nostra vita: farne esperienza, soprattutto durante l'infanzia e nel contesto famigliare, può predisporre a una risposta depressiva al presentarsi dei problemi.

Come far fronte quindi ad un momento difficile in famiglia?

Mamma e papà hanno un ruolo fondamentale nello sviluppo emotivo del bambino. Sono responsabili infatti del grado di consapevolezza che il bimbo ha del mondo che lo circonda. I bimbi sono grandi esploratori del mondo: osservano, ascoltano, sentono. Laddove colgono i segnali, ma non riescono a decifrarli... allora inventano! Per questo fingere che tutto vada bene non aiuta il bambino a superare i problemi di casa. Se è curioso, cercherà da solo i significati a ciò che gli accade attorno, ma partendo da un ridotto vocabolario di esperienze rischierà di fare una gran confusione!

Il compito di mamma e papà diventa quindi quello di spiegare, raccontare, far conoscere al bambino le diverse emozioni. Senza celarle o averne paura, ma affrontandole assieme.

È importante che il bambino possa perlustrare con la mamma; possa domandare senza timore a papà. Solo allora sarà semplice per lui entrare in sinergia con ciò che lo circonda e riuscire a vivere in modo completo tutte le sue emozioni: sia quelle positive, sia quelle negative.

Mamma e papà devono aiutare il bambino a diventare artista del suo mondo. Grazie al loro aiuto il bimbo riuscirà a sperimentare sempre più colori, aumentando le sfumature della sua tavolozza, fino a scoprire tonalità, motivi e trame di pittura che non tutti riescono a cogliere. Magari ne scoprirà anche di nuove! Ecco quindi che la creatività dei bambini parte dalla voglia dei genitori di condividere con loro il mondo e partecipare insieme al gioco meraviglioso della scoperta. Emozionarsi assieme è il primo passo per dipingere con serenità il quadro della vita.

Quando la depressione diventa un modo di essere!

Il lamentarsi continuo può diventare così totalizzante da diventare parte del nostro temperamento? Già Aristotele si era posto il dubbio, espresso – non a caso – nella famosa trattazione *"Problema XXX"*.

Ai suoi tempi regnava la dottrina di Ippocrate, secondo l'uomo era strutturato in quattro umori, ricollegabili a quattro componenti organiche differenti:

- La flegma: ovvero la pigrizia e/o la pacatezza, che ha sede nella testa;
- La bile gialla: quindi la collera, che ha sede nel fegato;
- Il sangue: quindi l'umore rosso, sanguigno, che ha sede nel cuore;
- La bile nera: che ha sede nella milza ed in greco antico si chiama *"melàine chole"*; Da qui melanconia...

Tali umori non erano di per sé patologici: la quantità di uno piuttosto che dell'altro e la loro combinazione determinavano la salute, la malattia o il carattere. Esiste quindi uno stile di personalità depresso?

Aristotele ci dice di sì: il temperamento melanconico (per via della bile nera). Per spiegare la differenza tra un depresso ed un melanconico, il filosofo greco paragonò la depressione ad una sbronza di vino! Il vino agisce infatti sull'umore delle persone: a seconda del tipo, della qualità e della quantità ingerita si avvertono delle differenze di carattere. C'è chi dopo qualche bicchiere sarà allegro, chi silenzioso; magari bevendo molto qualcuno diventerà violento, aggressivo oppure sfacciato. Passata la ciucca, però, tutto torna allo stato d'origine. Così accade per chi vive un disturbo depressivo: una volta risolto il periodo difficoltoso, il carattere della persona ritorna in equilibrio.

Per i melanconici di Aristotele tutto questo non funzionerebbe: le persone melanconiche avrebbero... la bile nera un po' alta! Oppure, mantenendo l'esempio avvinazzato, è come se fossero sempre "*ubriachi di bile*".

«Ci posso fare qualcosa, dottor Ippocrate?»

«Guardi, le racconto una storia...

Un tale aveva una moglie eccessivamente bisbetica con tutti quelli che aveva in casa. Gli venne allora voglia di sapere se si comportasse così anche nella famiglia d'origine e trovò un pretesto per mandarla dal padre.

Al suo ritorno, dopo pochi giorni, le chiese come l'avevano accolta quelli.

«Dai bovari ai pecorari, nessuno di loro mi poteva vedere!». E il marito: «Oh moglie, ma se sei riuscita a farti odiare anche da quelli che uscivano all'alba per portar fuori il bestiame e tornavano la sera, chissà cosa avranno pensato gli altri che passavano l'intera giornata con te!» ...

Ecco un bell'esempio di personalità depressa: secondo te quanto può essere difficile modificare un carattere simile? Te lo dico io: è praticamente impossibile. Questo per vari fattori:

- Uno è certamente il **tempo**: una persona bisbetica che per anni si è rivolta al mondo con il broncio, difficilmente avrà nella sua cassetta degli attrezzi strumenti utili per approcciarsi alla vita in modo differente. Se davvero questa donna ha passato molto tempo lamentandosi, avrà ammucchiato l'entusiasmo, la sorpresa, la cortesia o la gioia in alcuni stipetti dimenticati. Anche se si dovessero tirare fuori nuovamente questi attrezzi, non è detto che funzionino come da nuovi o che si possano effettivamente recuperare, anche a seguito di un buon restauro!
- L'indifferenza al **contesto**: nonostante la moglie cambi ambiente, vediamo che questo *change* non influisce minimamente sul suo modo di emozionarsi e relazionarsi con gli altri; Difatti, al ritorno racconta come persino pecorai e bovari non potevano vederla. L'insensibilità al contesto è indicativa perché ci mette di fronte all'evidenza che la signora bisbetica non cambierà... neppure con una bella crociera ai Caraibi;
- Non considerare lo stato di depressione come un **problema**: lo abbiamo visto prima e te ne potrai accorgere nel quotidiano – spesso chi soffre di un disturbo depressivo soffre di un sottolineato senso di svalutazione. Il desiderio di cambiare c'è, ma manca del tutto l'autostima e la speranza che qualcosa possa cambiare. Spesso tutto è soffocato da un grande senso di colpa. Nella moglie bisbetica non troviamo nulla di

tutto ciò! Queste sfumature mancano o sono sviluppate in tutt'altra maniera! Lei non ha voglia di cambiare, sono gli altri che forse dovrebbero cominciare a fare qualcosa di più, qualcosa di diverso, qualcosa di utile o di migliore per non rovinarle la vita...

La sedimentazione nel tempo di tonalità emotive quali la rabbia o la tristezza predispone ad un carattere depressivo. La differenza tra un disturbo ed uno stile di personalità è che nel primo caso la depressione annienta le possibilità d'azione, nel secondo caso le stimola. Nella persona melanconica l'approcciarsi al mondo attraverso il filtro depressivo conferisce stabilità.

Per alcuni, però, può tramutarsi persino in un vero e proprio ponte verso l'estro creativo.

Se ti tuffi un attimo nei ricordi dei banchi di scuola non ti sarà difficile portare alla memoria poeti, letterati, pittori e scultori che hanno fatto della depressione il loro stile di vita: da Foscolo a Goethe, da Manzoni a Michelangelo, da Caravaggio a Munch sono davvero a milioni quei grandi artisti dall'indole tragica, che hanno tramutato il dolore in stimolo alla creazione!

Questo esoterico stratagemma è un brillante prezioso del nostro essere uomini. Come la conchiglia, che rimarginando la ferita dà origine alla perla, così l'uomo nei secoli è riuscito a trovare una nuova forma al dolore, tramutandolo in arte. La composizione artistica è un dono: è il regalo di chi volontariamente si tuffa nelle caverne della psiche e ne trasforma il contenuto in immagini, suoni e sculture che possono essere, o tendono ad essere, alla portata di tutti. Ad ogni artista dovrebbe andare quotidianamente il riconoscimento e la gratitudine da parte di tutta la nostra specie.

... E per concludere il capitolo in modo circolare, riprendiamo ancora una volta il pensiero di Aristotele e la sua divisione tra disturbo e carattere. Ebbene, già lui ci raccontava di come alcuni grandi dell'antica Grecia, come Empedocle, Platone e Socrate, fossero uomini tendenzialmente melanconici, distinguibili dalla massa per il loro carattere fuori dal comune: a volte decisamente acceso, a volte incredibilmente disperato. Uomini tra gli uomini: artisti.

Ansia e Fobie

Rane agitate e corvi terrificanti!

Al banchetto nuziale di Zeus erano invitati tutti gli animali. Mancava soltanto la tartaruga. Ignorandone la ragione, il giorno dopo, Zeus le domandò come mai non fosse intervenuta al pranzo.

E quella intimorita rispose: «La mia casa è la mia reggia!». Così Zeus, per punirla, le ordinò di caricarsi la casa sulle spalle e di portarla sempre con sé!

L'ansia è un disturbo complesso, che compromette la persona in modo particolarmente dinamico. La colpisce nell'insieme: dalla sfera sensitiva, a quella organica; dalla mente al comportamento evidente.

La tartaruga della storia ci spiega bene come un tale disturbo possa essere estremamente invalidante: l'ansia costringe, chiude, impedisce l'azione. Ora, con tutto il bene del mondo... quando Zeus ti invita al suo matrimonio, ci vai! Eppure, la tartarughina esita, non fa il passo (seppur lentissimo) d'avanzare verso l'Olimpo. Quatta quatta si rintana nel suo domicilio, divorata dall'ansia d'uscire e frustrata per l'occasione perduta. Nutre quasi la triste speranza che nessuno se ne accorga... altrimenti dovrà giustificarsi.

Ma Zeus non è che lo puoi imbrogliare così! A quel punto la tartaruga ha più o meno tre grandi risposte:

- Il silenzio;
- Una timorosa presa di coscienza;
- L'attacco.

Sfortunatamente, tra tutte le possibilità - presa nuovamente dall'ansia - la tartaruga sceglie la peggiore: ovvero l'attacco (cosa mai ti salta in testa d'attaccare il re degli dei?). La storia si conclude ovviamente con una punizione esemplare, che poi è ciò che spesso capita a chi vive un disturbo d'ansia: si vede costretto a trascinarselo dietro. Ed è un peso enorme, sfiancante, che opprime.

Ma da cosa nasce l'ansia?

⇨ L'ansia è una risposta psico-fisica a qualcosa che non va. Di per sé l'ansia non è poi così malvagia come la si vuol sempre descrivere. L'ansia può darci un fischio quando qualcosa non quadra, farci sorgere un dubbio qualora le situazioni non filino, metterci un grillo nell'orecchio se il momento è confuso.

L'ansia è quel modo di attivarsi che ci ricorda la data dell'esame o il termine di consegna di quel lavoro, piuttosto che di quell'altro. L'ansia ci fa stare ore davanti allo specchio la sera del primo appuntamento, ci ricorda gli anniversari e ci mette in guardia sui possibili litigi...

Insomma, non tutto il male viene per nuocere e, ogni tanto, un campanello d'allarme può migliorare molto la nostra vita.

Quando però l'ansia prende il sopravvento e diventa debilitante occorre intervenire. Se l'ansia non svolge più la sua funzione preventiva e di supervisione, allora si tramuta in un disturbo. Se questo succede, l'ansia si spoglia del ruolo di garante della serenità e paradossalmente diventa lei stessa fonte di disagio e di angoscia verso il futuro.

I sintomi che accompagnano gli stati ansiosi sono tanti e spesso sono legati a sensazioni o malesseri corporei.

Quando l'ansia sfocia in qualcosa d'incontrollabile, scatta l'attacco di panico – che condivide con i disturbi ansiogeni i sintomi, ma li prolunga e li ingigantisce, fino a strutturarsi in un momento estremamente invalidante. Questi sintomi sono:

- Palpitazioni;
- Sudorazione;
- Tremori;
- Dispnea o sensazione di soffocamento;
- Sensazione di asfissia;
- Dolore o fastidio al petto;
- Nausea o disturbi addominali;
- Sensazioni di vertigine, di instabilità, di testa leggera o di svenimento;
- Brividi o vampate di calore;
- Parestesie;
- Derealizzazione o depersonalizzazione;
- Paura di perdere il controllo o impazzire;
- Paura di morire.

Perché possa essere diagnosticato un attacco di panico devono presentarsi in pochi minuti almeno 4 tra questi sintomi; inoltre l'attacco di panico non dovrebbe essere spiegato da un altro disturbo mentale, o attribuibile a sostanze o altre condizioni mediche.

Come puoi notare dall'elenco, la maggior parte delle condizioni che caratterizzano un attacco di panico (o comunque un disturbo d'ansia) sono strettamente riconducibili al fisico e alla sua percezione.

Una caratteristica che difatti accomuna le persone che soffrono di disturbi d'ansia è la loro attenzione ai segnali del corpo. Un cuore che batte come un tamburo, il fiato che non accenna a calmarsi, i muscoli tesi e gli occhi sbarrati! ... per la persona con disturbo d'ansia hanno un doppio ufficio:

- Indicano che qualcosa proprio non va e sono tutti avvertimenti di un pericolo imminente o della forte probabilità che si presenti un evento spiacevole;
- Fungono da filtro, un baricentro da cui muoversi, il cardine di una bussola con il quale orientarsi.

Se da una parte la tartaruga utilizza il carapace per prevenire le sofferenze, dall'altra lo stesso guscio diventa un pesante fardello che impedisce un movimento libero. La stabilità attraverso il guscio, ovvero il proprio corpo, diventa un sistema di riferimento che regola la persona nel mondo e in relazione agli altri. Dove sta il loop? Nel convincersi che l'immobilità sia la "reggia migliore" quando invece siamo invitati a scoprire l'Olimpo!

Il "problema" (o forse è meglio dire: la fortuna!) è che questa convinzione è solamente superficiale: la fame di vita avrà sempre la meglio sulle nostre costruzioni mentali.

Te lo spiego con un esempio...

È stato studiato che alcune strutture neurali che regolano i nostri stati corporali sono anche coinvolte nella generazione dei processi emotivi: quindi non solo le persone con disturbi d'ansia sono particolarmente attente ai segnali viscerali, ma sarebbero anche tra le più sensibili alle emozioni! A volte però, proprio per questa commistione, i due universi si confondono...

Così, può capitare che uscendo per la prima volta con un nuovo partner, questi ci riempia di attenzione, coccole e dolci carezze. Il cuore comincia a battere forte. Ci stiamo innamorando, tu dirai? Questa deduzione non è così scontata per una persona con un disturbo d'ansia. Nel momento in cui il cuore cambia ritmo potrebbe pensare ad un soffio improvviso, magari ad un'extrasistole... oppure peggio, un infarto! Ecco, allora che l'ansia monterebbe, irrigidendo i muscoli, sgranando gli occhi ed annaspando l'aria. Il terrore di un attacco di panico costringerebbe allora la persona a mettere a fuoco solamente il proprio malessere, dimenticandosi della cenetta romantica o della panchina al chiaro di luna. Come puoi aver intuito, questo meccanismo diventa circolare: la paura per un attacco di panico si traduce in una serie di malesseri corporei, che altro non fanno se non aumentare effettivamente l'ansia.

La serata è andata male. Nella stanza da letto ci si racconta che forse era meglio così, che quella persona non faceva al caso nostro (*"La mia casa è la mia reggia"* della tartaruga); ma in fondo sappiamo che è solo un racconto, che dentro di noi c'è qualcosa di più grande del mostro dell'ansia. C'è il desiderio di cambiare, la voglia di percorrere strade più larghe, tra il letto e le stelle sta crescendo il desiderio di tinteggiare un orizzonte dai colori nuovi...

Ma quanto dura l'ansia? Può diventare una costante?

Prima di rispondere a questa domanda, ti propongo una favola. Leggila attentamente e dimmi chi tra le due rane, secondo te, è quella che ci aiuterà a rispondere al quesito!

Due rane erano vicine di casa: una abitava in uno stagno profondo e discosto dalla strada, l'altra in una pozzanghera sulla strada stessa.

Quella dello stagno consigliava all'altra di trasferirsi da lei, per godere una vita più comoda e sicura, ma quell'altra non le dava retta e diceva che non poteva staccarsi dalla sua dimora abituale.

Un brutto giorno, però, passò di lì un carro e la schiacciò.

Proprio come la depressione anche l'ansia può diventare parte integrante del nostro carattere. Distinguiamo infatti l'ansia in due grandi categorie: quella di stato e quella di tratto.

Tale suddivisione ha origine nel 1961. Cattel e Scheier, psicologi interessati ai disturbi relativi alla sfera ansiogena, suddivisero l'ansia a seconda del tipo di manifestazione e delle conseguenze dirette sulla vita delle persone. Successivamente, questo binomio fu rielaborato da Spielberger e collaboratori, in particolare con lo sviluppo della loro scala di autovalutazione, la State-Trait Anxiety Inventory - STAI del 1970, uno degli strumenti generalmente presenti nella cassetta degli attrezzi dello psicologo.

Hai capito allora quale rana utilizzeremo come esempio?

La risposta è che le utilizzeremo entrambe. Una difatti incarna bene quella che potrebbe essere l'ansia di stato; l'altra, invece, quella di tratto. Ma scendiamo un po' più nello specifico:

- La prima rana raffigura l'ansia di stato. L'ansia di stato si riferisce a un particolare tipo di ansia, indirizzato e dai tempi circoscritti. L'ansia di affrontare un esame, di parlare davanti a un pubblico; l'ansia del primo bacio o l'ansia del lunedì a lavoro. Tutte queste sono tutte ansie che si contraddistinguono per avere un tempo limitato. Iniziano e finiscono. Proprio come l'ansia della prima rana, che preoccupata per le sorti della seconda, le consigliava di vivere con lei presso lo stagno.

Quando l'ansia assume questo tipo di forma, la causa o il contesto scatenante possono essere più o meno consapevoli. Si può non afferrare il perché ci si agita in una determinata situazione, ma è chiaro che sperimentarla ci mette in scacco (come ad esempio potrebbe essere la fobia per i piccioni). Altri momenti, invece, non sono prevedibili: se durante un tragitto in macchina troviamo una strada sbarrata e il navigatore prende tempo a riformulare il tragitto... beh, probabilmente scatterà a tutti un filo d'ansia di stato.

Coloro che provano ansia in determinati e specifici momenti e contesti, sono quelle persone che, si dice, *"vanno in ansia"*.

- La seconda rana si fa portavoce dell'ansia di tratto. L'ansia di tratto è una tipologia d'ansia più dilazionata nel tempo e generalmente aspecifica. Si ripresenta in maniera costante durante l'arco delle giornate, tanto da diventare quasi parte del carattere della persona.

Il termine "tratto", difatti, vuole proprio indicare questo genere d'ansia come un fattore che contraddistingue in maniera quasi peculiare l'individuo. Non c'è un momento specifico che attiva la rana: lei è sempre immobile. Chi si percepisce attraverso l'ansia di tratto, tende a rispondere in modo più reattivo; ci si può sentire spesso in colpa o decisamente troppo nervosi per affrontare un problema. A volte il problema non sussiste, ma l'ansia potrebbe auto-generarlo.

Insomma, c'è una predisposizione all'ansia... il nostro corpo, in maniera disadattiva, cerca di farci stare costantemente sul pezzo. Come abbiamo visto, però, essere sempre in allarme, sempre tesi e vigili, non è sempre un bene: a volte è giusto e bello lasciarsi andare e magari saltare nello stagno accanto!

Chi manifesta un'ansia di tratto è quella che si dice una *"persona ansiosa!"*.

⇨ Riuscire a riconoscere il nostro stile d'ansia, cogliere le forme in cui si presenta e le correlazioni con il contesto e le esperienze che lo innescano sono passi fondamentali per recuperare il controllo della nostra vita e arricchirla, finalmente, con la serenità che meritiamo!

Ora, visto che ho accennato alla paura dei piccioni...

Diciamo qualcosa anche su quest'argomento, magari introducendo le fobie con una breve favola!

Un uomo partiva intimorito per la guerra.

Mentre camminava dei corvi cominciarono a gracchiare e quegli si fermò di colpo.

Riprese impaurito il cammino e i corvi cominciarono nuovamente a gracchiare, al che lui disse: «Gridate pure con tutta la vostra voce, bestiacce! Ma della mia carne non ne avrete!» e tornò indietro.

Con questa favola Esopo ci racconta di un uomo che sulla via per la battaglia, decide di fare retro-front alla vista dei corvi. L'incontro con lo stormo di uccelli neri manda il soldato in tilt. Si blocca, prova a fare ancora un passo, ma proprio non riesce nell'intento; infine desiste e terrorizzato torna sui suoi passi e riprende la via di casa. La paura ha vinto.

La paura è quel sentore che anticipa le condizioni che potrebbero alterare il nostro stato psico-fisico della persona. Come l'ansia, di cui è cugina, anche la paura è uno strumento evolutivo decisamente importante per la sopravvivenza dell'uomo. Sottraendosi a certi comportamenti, a specifici contesti o determinati incontri, l'individuo evita di mettere a repentaglio la propria incolumità.

Ma come per l'ansia, anche la paura ha il suo lato oscuro: la fobia.

La persona con un disturbo fobico vive la paura come una tonalità emotiva decisamente distruttiva. L'orrore che ne scaturisce ed il freno all'azione possono tramutarsi in veri e propri blocchi alla vita. Chi può dire cosa sarebbe capitato al soldato? Chi può dirci quanto fosse importante la sua presenza in battaglia? E ancora... la scelta di disertare sarà stata davvero la più conveniente per lui? Magari c'è una taglia per i disertori, o forse a causa della sua negligenza la guerra arriverà fin davanti la sua porta. Insomma, davvero difficile da prevedere, ma all'uomo non importa! Chi soffre di un disturbo fobico cerca in tutti i modi di contenere il senso di disagio e di terrore: vige la regola dello "stare bene adesso!". È come se quest'imperativo dominasse la mente: non esiste più un futuro, nessun obiettivo a lungo termine (anche se molto più vantaggioso) potrà mai valere quanto la fuga da quella spiacevole sensazione del sentirsi in pericolo. Lo scopo per chi soffre di disturbi fobici è limitare al massimo l'esposizione all'eventuale pericolo.

Per chi soffre di disturbi fobici, la stabilità emotiva è data dal controllo della situazione.

Per prevenire o delimitare tutte le situazioni spiacevoli, che possono alterare il proprio equilibrio, la persona potrebbe mettere in atto una serie di condotte di evitamento, che riducono nel tempo tutta quella gamma di sensazioni attivanti. A lungo andare questo meccanismo di autodifesa potrebbe diventare una condizione stabile di agorafobia.

E ancora: hai mai pensato che chi ha paura dei piccioni, potrebbe aver paura di qualcosa di più grande o di più complesso? ...

Insomma, un piccione è un pollo grigio e verdolino che zampetta goffo nelle piazze della città. Certo, il suo occhio tondo e fisso può incutere un minimo di timore... ma dall'origine dei tempi, il piccione non è certo catalogato nei bestiari tra i mostri leggendari che annientano la nostra specie.

Lo stesso è per i corvi... neri ed estremamente suggestivi: ma non v'è davvero nulla di cui preoccuparsi; eppure l'uomo della favola ne è terrorizzato: la sola vista, il sentire nell'aria il loro freddo gracchiare, lo immobilizza. Questo accade perché spesso tendiamo a collegare uno stimolo neutro, oppure comunemente condiviso (come la paura dei piccioni), ad una nostra paura effettiva. Applichiamo il sillogismo:

Se A: B = B: C, allora C sta ad A.

Cosa significa? Che se io ho paura della guerra e da tutti è condiviso il significato "corvi = guerra", allora potrei maturare inconsciamente una paura per i corvi.

Parallelamente, molto spesso chi afferma di aver paura dei piccioni, in verità teme gli spazi aperti, con molta gente; luoghi in cui le possibilità sono tantissime e le variabili molteplici. Non è un caso, se ci pensi, che si abbia paura proprio del piccione: il cui habitat per eccellenza sono le grandi piazze metropolitane.

Dentro una piazza può accadere di tutto, senza magari potercene accorgere. Un'auto fuori controllo? Una tegola che cade dal grattacielo? Un serial killer deciso a fare una strage, o semplicemente il nonnino che distrattamente lascia cadere a terra la buccia di banana... Ci sono davvero miliardi di eventualità: certo, più o meno verificabili nell'effettivo. L'imprevedibilità del posto si interseca con quella naturale del piccione ed il gioco è fatto: per una carambola di significati, il piccione diventa un terrificante uccello del male!

Non riuscire a prevedere un evento, una difficoltà ad anticipare le conseguenze, oppure una confusione tra cause/conseguenze e significati possono caratterizzare molte delle fobie specifiche che noi conosciamo.

Facciamo un altro esempio. Parliamo della paura per l'ascensore!

È presente in tantissime palazzine, soprattutto quando i piani sono tanti. È funzionale, è pratico, è veloce. Per chi ha qualche difficoltà a fare le scale, per chi è in ritardo o pigro è la soluzione per arrivare a qualunque piano dell'edificio schiacciando un semplice pulsante: stiamo parlando dell'ascensore.

Nonostante l'elenco propositivo, l'utilità del mezzo non riesce a sradicare alcuni timori legati al suo impiego. Sono davvero tante le persone che provano fastidio o che si sentono a disagio in ascensore. Per alcuni è davvero una sfida, un ostacolo che mette a dura prova la nostra mente e il nostro corpo. Per qualcuno, poi, l'ascensore si tramuta in una fobia e diventa un luogo inaccessibile.

Ma da cosa scaturisce la fobia per l'ascensore? Iniziamo chiedendoci: che cos'è un ascensore?

Può sembrare una domanda banale, ma ci siamo mai chiesti che cos'è un ascensore? Abbiamo detto che l'ascensore è uno strumento che occorre per arrivare da un piano all'altro, in modo veloce e poco faticoso. Quando pensiamo a un ascensore, quindi, ci dovrebbe venire in mente la sua utilità, la funzione per cui è stato creato. Insomma, un frullatore serve per frullare, un'automobile per spostarci, un gioco da tavolo ci offrirà qualche ora di svago in compagnia... ecc.

Per una persona con un disturbo fobico l'ascensore non si manifesta come un macchinario per salire e scendere, ma come uno spazio ristretto chiuso dove è possibile soffocare, magari rimanere incastrati per ore o peggio ancora precipitare nel vuoto! Nasce il panico da ascensore!

Effettivamente l'ascensore può bloccarsi o cadere...

Certo un ascensore si potrebbe bloccare, fermare, danneggiare ecc. ... D'altro canto un frullatore potrebbe guastarsi e far schizzare il pesto sulle pareti, una macchina potrebbe forare, la partita di Risiko potrebbe tramutarsi in una zuffa spezza-amicizie. Le possibilità legate a un momento o a un oggetto non si limitano alla sua forma principale, ma tutti ci troveremmo d'accordo nel considerare alcuni incidenti molto poco frequenti e certamente insoliti (tranne forse durante le partite di Risiko).

Anche chi soffre di un disturbo fobico ha chiaro questo concetto: chiunque riuscirebbe a valutare la possibilità che un determinato evento si verifichi, oppure no. Questo però non basta per tranquillizzare. Cosa succede? Perché nonostante la consapevolezza che un ascensore difficilmente possa darci dei grandi grattacapi, il disturbo fobico o il fastidio per l'ascensore si presentano?

Sorridi e il mondo ti sorriderà...

Facciamo una piccola digressione. Immagina di essere un medico. Davanti a un paziente con un po' di febbre non vedresti solo una persona sofferente, ma virus e batteri, bronchi e polmoni, medicine e soluzioni efficaci; se tu fossi il parente della persona malata, sentiresti legami e rapporti famigliari, vivresti una relazione di cura, differente da quella del dottore. Se invece ti tramutassi ora in un poeta, nel paziente potresti cogliere la sofferenza umana, forse metafore sulla caducità della vita o similitudini con fiori d'inverno e vulcani incandescenti. Insomma, stesso fatto, ma diversi significati.

A seconda del nostro modo di vedere il mondo, il mondo ci appare.

Ora. Fai finta di essere una persona tendenzialmente ansiosa e fortemente emotiva. Il tuo modo di tradurre il mondo è filtrato da una costante attenzione al pericolo. Tutto questo si accompagna a una serie di conseguenze fisiologiche specifiche dell'ansia o della fobia. Il tuo filtro è quello del *"Quanto questa persona, quella cosa o quella determinata situazione può essere imprevedibile o potenzialmente pericolosa?"*. In quel preciso istante l'ascensore acquista un senso a partire da una predisposizione all'ansia.

Se mi ritrovo in uno stato di "terrore emotivo" il mondo mi si manifesterà a partire dalla mia condizione. Come per il medico, per il famigliare o per il poeta una persona malata acquista diversi significati, così per chi soffre di claustrofobia un cinema non si presenterà subito come un luogo dove godersi un film, ma come una stanza buia e chiusa. La prima cosa che farà entrando sarà individuare le possibili vie di fuga.

Allo stesso modo, un ascensore non mi si presenterà come un vantaggio o un aiuto, ma come un luogo chiuso e ristretto. È quindi una questione di filtri, di prospettiva e significati. La persona senza questo disturbo vedrà subito un mezzo utile per arrivare al ventesimo piano; il significato *"potrebbe bloccarsi"* forse potrà solo sfiorare la sua mente, oppure non arrivare affatto.

In conclusione, il mondo si manifesta a partire dal nostro modo di sentirci nel mondo e di avvertire il nostro corpo. Se siamo persone tendenzialmente ansiose o allarmate, ecco che il mondo si riempirà di significati volti a prevenire una situazione potenzialmente pericolosa. Questo meccanismo di auto-difesa, utilizzato in maniera equilibrata, può effettivamente migliorare la nostra vita e metterci in guardia da situazioni difficili. Quando però questo mood diventa una costante, lo stato d'ansia finisce per condizionare la nostra vita e quindi ogni contesto che il mondo ci propone: ascensore compreso.

Ossessioni e compulsioni

Quando i pensieri vogliono impadronirsi della realtà!

Regole, norme e dogmi; scale, ordini o gerarchie; schemi, convenzioni e modelli; scienza, tradizione, superstizioni o religione. Nel quotidiano, tutti i giorni, abbiamo a che fare con una serie di strutture e di sistemi che ci circondano, ci coinvolgono e spesso orientano le nostre scelte. Alcuni di questi paradigmi li scegliamo, altri invece sono socialmente condivisi o gerarchicamente imposti. Farne a meno? Di certe costruzioni è davvero impossibile, o decisamente poco funzionale (e poi vedremo assieme il perché!). Ma come spesso accade, quando i piatti della bilancia pendono troppo da un braccio, piuttosto che dall'altro, quello è il momento in cui l'equilibrio si rompe. Quando una persona si focalizza in maniera totalizzante su un insieme di leggi, pensieri o precetti, questi, anziché accompagnare la serenità della vita, la soffocano e la tramutano in una cella da cui è difficile uscirne. Dentro le sbarre di una prigione, fatta di codici e stereotipie, dimora il disturbo ossessivo compulsivo.

Il disturbo ossessivo compulsivo si caratterizza, come dice appunto il nome, per la presenza di:

- Ossessioni: pensieri, impulsi o immagini ricorrenti e persistenti, vissuti, in qualche momento nel corso del disturbo, come intrusivi e indesiderati e che nella maggior parte degli individui causano ansia e disagio. Sono idee fisse, che non passano, che restano e si ripropongono;

- Compulsioni: comportamenti stereotipati e costanti (come continuare a pulire casa, riordinare gli armadi, controllare continuamente che la macchina sia chiusa), oppure immagini mentali ricorrenti (rammentare spesso una parola, contare una serie di numeri, ripetere continuamente alcune frasi).

Difficilmente ossessioni e compulsioni hanno vita propria: spesso camminano in parallelo.

La persona spesso tenta di ignorare le ossessioni, gli impulsi o le immagini: così, prova a neutralizzarli con altri pensieri, oppure con azioni – così facendo mette in atto una compulsione. Il soggetto si sente in dovere di dar luogo a queste risposte e a queste azioni (mentali o meno), che devono essere applicate in modo rigido alla situazione.

Tutto questo ha un costo? Beh, certo. Ossessioni e compulsioni possono richiedere molto tempo per la loro esecuzione, oltre ad essere estremamente invalidanti. Pensa ad esempio di trovarti nella situazione di dover affrontare un colloquio di lavoro. Stai per varcare la soglia di casa, ma vieni frenato dal dubbio di non aver chiuso il rubinetto del bagno, quello al piano di sopra. È lo stesso rubinetto sotto il quale ti lavi le mani sempre in modo pari, dalle quattro alle sei volte, perché altrimenti qualcosa andrà certamente storto. Sali le scale, arrivi al rubinetto ed è chiuso. Per sicurezza lo giri nuovamente. La manopola dell'acqua fredda è un po' umida. Dramma. Cosa fai? Umido non significa proprio bagnato, ma se invece questo potesse essere considerato dalla sorte come un lavaggio di mani? Allora dovresti lavartele di nuovo, per andare a pari. Difficile scegliere. Magari occorre una nuova clausola... se la manopola è umida potresti magari... aprire e chiudere il rubinetto 5 volte? Oppure asciugarti le mani con la salvietta gialla? O fare una giravolta? Il phon… potrebbe in qualche modo inserirsi in tutto questo? E intanto il tempo passa… e forse a quell'importante colloquio di lavoro tu non arriverai mai.

Le ossessioni e le compulsioni limitano i progetti: per chi soffre di un disturbo ossessivo-compulsivo questo è un dramma. La persona si accorge che il tempo passa e che questo meccanismo sta frenando la sua vita, ma non riesce a sganciarsene. E questo causa angoscia, ansia, disagio: pensiamo un attimo a come potremmo sentirci se avessimo un orologio nella pancia che ogni momento ci ricorda che le lancette si muovono e noi rimaniamo fermi.

È giusto sottolineare come questi comportamenti, nel disturbo ossessivo compulsivo non sono da attribuirsi a sostanze o altre condizioni mediche; inoltre, ossessioni e compulsioni non devono essere giustificate da altri disturbi mentali, come ad esempio il dismorfismo corporeo, il disturbo di accumulo, l'ansia generalizzata, i disturbi parafiliaci, del comportamento dirompente, la tricotillomania (ovvero, continuare a girarsi le dita tra i capelli, fino a strapparsi le ciocche), escoriazioni, movimenti stereotipati, comportamenti alimentari ritualizzati, depressione maggiore, deliri schizofrenici e spettri autistici.

L'insorgenza dei sintomi è solitamente graduale: se non viene trattato, il disturbo può cronicizzarsi.

Un'ancora che frena il viaggio, che limita l'esperienza della navigazione: questo è il disturbo ossessivo compulsivo.

Le rane che vivevano libere nelle paludi domandarono a Zeus un re che potesse frenare con la forza i loro animi sfrenati.

Il padre degli dei sorrise e poi inviò loro un piccolo bastone, il quale cadendo in acqua d'improvviso spaventò le rane che subito si rifugiarono nelle tane.

Così rimasero nascoste nel fango, ma dopo qualche tempo, una di loro in silenzio fece capolino dal suo nido e, ispezionato il re bastoncino, vedendo che non aveva alcun potere, chiamò tutte le altre a raccolta.

Allora le ranocchie, abbandonata la paura, nuotarono verso il re e tutte assieme gli saltarono addosso sbeffeggiandolo!

Non ritenendo il legnetto abbastanza risoluto per governare, domandarono a Zeus un altro re, poiché il precedente si era rivelato inutile.

Allora, Zeus inviò un serpente – che in modo spietato cominciò a divorarle una ad

La novella di Esopo è rivolta agli Ateniesi, disperati per il regime tirannico di Pisistrato. Questi avevano concesso al despota di governarli dopo un periodo di uguaglianza e libertà che aveva però sconvolto l'antica città greca e un po' come tutte le favole, anche questa non ha davvero tempo.

È davvero ben chiara all'interno della favola la differenza tra *"morale"* ed *"etica"*. La morale è quella capacità di scelta nel quotidiano, nel vivere pratico: comporta la consapevolezza delle proprie azioni e la responsabilità delle scelte. È la capacità di distinguere ciò che è bene, da ciò che è male, ma in modo soggettivo. Non c'è una regola superiore che determina effettivamente cosa sia giusto o sbagliato o quale sia la decisione più sensata. La morale consiste appunto nella libertà di scegliere, coscienti che ogni nostra condotta avrà delle conseguenze di cui in parte, o del tutto, ne saremmo responsabili. È il caso delle ranocchie all'inizio della storia: libere di vivere nella loro palude. Proprio come i nostri pensieri, anche una palude ha delle zone poco chiare.

A volte le acque della mente frenano i movimenti: lo stagno ha delle zone più dense e altre invece svincolate, insenature dove nascondersi o spazi aperti alla mercé di tutti.

Qualche volta ti sarà capitato di trovarti in situazioni difficili, complicate, poco limpide; momenti e situazioni dove lo stagno dei tuoi pensieri non era terso e faticavi a trovare il fondo del problema o a pescare la soluzione migliore. Scegliere non è sempre un gioco semplice! E a volte sì, sarebbe bello che qualcuno scegliesse per noi o per lo meno ci indirizzasse con un po' di cognizione di causa...

Ecco allora che in nostro aiuto arriva l'etica: vista come la dottrina o l'insieme di dottrine che riflettono sul comportamento pratico dell'uomo. Cosa è bene? Cosa invece è male? L'etica ci dà un insieme di leggi e di criteri per orientarci all'interno del mondo. Dall'etica germogliano le regole, le leggi e le punizioni. L'etica ti dice: «Hai qualche dubbio? Fai così, altrimenti...».

Non c'è nulla di male in tutto questo: l'etica di una società è quella struttura morale condivisa che tiene assieme il popolo che la costituisce.

Come diceva Freud:

> *"L'uomo primordiale stava meglio perché ignorava qualsiasi restrizione pulsionale. In compenso la sua sicurezza di godere a lungo di tale felicità era molto esigua. L'uomo civile ha barattato una parte della sua possibilità di felicità per un po' di sicurezza."*

Così, anche le rane stavano bene nella loro palude, ma si resero conto che l'eccesso di libertà può avere conseguenze drammatiche per la sopravvivenza. La libertà delle pulsioni poteva rivelarsi un ostacolo importante per una vita tranquilla e soprattutto longeva. Quindi il ragionamento iniziale delle rane non fu di per sé sbagliato; tutti noi abbiamo bisogno di alcune regole comunitarie, leggi e avvertimenti che ci aiutino a comprendere la forma della nostra società e che strutturino le basi del vivere comune. Se non ci fossero sarebbe il caos! Ognuno farebbe di testa sua, tutto sarebbe lecito, qualsiasi azione concessa e ci troveremmo in poco tempo in una palude confusa e talvolta anche pericolosa. Quando allora l'etica diventa a sua volta una scelta dannosa?

... Ma soprattutto cosa c'entra tutto questo con il disturbo ossessivo-compulsivo?

⇨ Scegliere, lo abbiamo già detto, non è sempre facile. A volte la responsabilità della scelta ha conseguenze importanti: può capitare di decidere di percorrere una strada piuttosto che un'altra, consapevoli che non si torna indietro; può accadere di dover affrontare un ostacolo, oppure vivere nel rimpianto di non averci neppure tentato; può succedere di dover prendere una decisione non per noi, ma per qualcun altro... o su qualcun altro. Insomma, la libertà ha un costo, che è quello della responsabilità sulle conseguenze delle proprie azioni.

Questo prezzo da pagare non ha lo stesso peso per tutti. C'è chi affronta la scelta con determinazione, in modo risoluto; chi è più tranquillo e analitico; chi magari va particolarmente in ansia e si lascia travolgere da fortissime emozioni. C'è poi chi proprio non ci riesce: c'è chi davanti a una scelta personale, slegata dall'etica, ha davvero molta difficoltà a prendere una decisione.

Questa intolleranza alla libertà è tipica del disturbo ossessivo-compulsivo.

Le ossessioni, i pensieri ricorrenti, le compulsioni e i gesti stereotipati possono essere tutti tradotti come un grande sforzo contenitivo. La persona con un disturbo ossessivo-compulsivo avverte la necessità della regola, del punto fermo, del chiodo fisso. Serve qualcosa per limitare la scelta, per ridurre il rischio della responsabilità.

Non è poi un caso che quando si parla di ossessivo-compulsivo viene tante volte in mente la persona che controlla ripetutamente se il gas è acceso o spento. Nulla può essere lasciato al proprio arbitrio: deve esserci sempre una legge sopra la persona, un codice che eviti il rischio di sbagliare, o quantomeno consenta di attribuire l'errore alla norma, piuttosto che ad una scelta volontaria del soggetto.

Anche le rane, sul finire della storia, portano l'etica al livello estremo dell'ossessione. Deluse da un re poco autoritario, scelgono di cacciarlo e ne domandano a Zeus uno nuovo: più forte e più deciso. Un tiranno allora scivola dalle nubi del Cielo e striscia nell'acqua della palude; il serpente divora la libertà e la soffoca tra le spire. Le rane provano allora a fuggire e capiscono che la nuova situazione è forse sopra le loro possibilità.

All'interno di questa cornice, possiamo cogliere le tinte tormentose e perversamente disciplinate del disturbo ossessivo compulsivo.

⇨ Il disturbo ossessivo compulsivo è la prigione della morale. La persona ha una grande difficoltà a scegliere, da sola sembra proprio che non ce la faccia. Giusto? Sbagliato? Bene o male? Sono questioni troppo delicate, che sottendono una responsabilità personale troppo grande. La morale lascia spazio ad un sistema etico di regole e comportamenti, che non cercano più un equilibrio tra libero arbitrio e condivisione di mondi, ma piuttosto hanno come fine la totale costrizione dei comportamenti. Un'etica ossessiva cancella la libertà di scelta, e quindi anche la responsabilità delle cause.

Tutto questo però ha un prezzo. La vita ha bisogno di sentirsi partecipe della sua storia. Quindi istilla il dubbio. Così, la norma deve fare i conti con l'uomo e la sua prima natura. *"I pantaloni sono allacciati?"* ... *"Avrò fatto bene quel lavoro?"* ... *"Ho spento il cellulare?"* ... i fantasmi cominciano a bussare alla porta della mente e non c'è regola che possa frenare questo meccanismo. La persona con un disturbo ossessivo compulsivo ci prova: inventa sempre nuove leggi, altri precetti che possano incastonare sempre più la scelta per non darle spazio, ma prima o dopo i pensieri fuggono al raziocinio.

Allora c'è bisogno di un nuovo re: ancora più forte, sempre più autoritario. Ma la favola di Esopo ci insegna che scegliere di non scegliere è di per sé una scelta che ha delle conseguenze... e purtroppo non sempre sono piacevoli.

Proviamo quindi a godere della nostra natura, a non imporci da soli regole che possano ostacolare la nostra felicità: sforziamoci piuttosto di comprendere a fondo la nostra persona e cogliere le sfumature che possano consentirci sempre di rallegrarci di una vita ricca e appagante.

Le rane gli ostacoli non li costruiscono, li saltano via!

Una volpe e una pantera discutevano tra chi fosse la più bella. La pantera si vantava di avere un corpo flessuoso e variegato, ma la volpe la interruppe dicendole: «Quanto son più bella io, che le qualità le conservo non nel corpo, ma bensì nella mente!».

Un tema parallelo ai disturbi ossessivi compulsivi è quello dei disturbi legati all'immagine corporea.

Per questo motivo ho scelto di inserire una piccola parentesi sulle nuove patologie legate al corpo: la favola della volpe e della pantera è certamente un buon incipit per parlarne!

Nel tentativo di far fede alla locuzione latina *"Mens sana in corpore sano"*, almeno un paio di volte a settimana sarebbe corretto praticare un po' di sport e tenersi attivi. Parallelamente occorrerebbe mantenere una sana alimentazione ed eliminare progressivamente ogni vizio... Tutto questo è lodevole, richiede un po' di impegno e chi ci riesce gode seriamente dei benefici a lungo termine.

Ciò nonostante, anche qui la regola può diventare troppo costrittiva e tramutarsi da alleata ad antagonista. Ti è mai capitato di invitare un amico a cena e questi ha rifiutato per non eccedere con le calorie? Oppure dover iscriverti in palestra per incontrare una persona che passa il suo tempo libero esclusivamente tra pesi e cyclette? E ancora, hai mai fatto caso come alcune persone postino sulla rete esclusivamente foto del loro corpo, dei loro successi ginnici e dei loro traguardi atletici?

Queste persone hanno un modo singolare di legare con le altre: in loro c'è una strana alchimia caratterizzata da attrazione e contemporaneamente distanza, da esuberanza e freddezza, durezza e determinazione. Tutto deve essere estremamente ordinato, compatto, preciso, cadenzato. Nulla deve essere lasciato al caso... Parliamo nuovamente di regole? Sì, certo. Ma questa volta in una sfumatura differente – relativa in modo particolare alla relazione con l'altro e allo stare in società.

Riprendiamo per un attimo in mano la favola della volpe e della pantera. Il testo comincia e finisce con uno scambio di battute. Da sempre l'uomo utilizza tantissimi canali comunicativi: dalla parola, alla scrittura, alla musica ecc....

Ogni mezzo e strumento di comunicazione ha un fine ultimo, ovvero dire qualcosa a qualcuno: quindi, entrare in relazione!

⇨ Oggi abitiamo un mondo dove le immagini e la comunicazione per immagini hanno un ruolo molto molto importante. Dalla pubblicità che incontriamo per strada, alla televisione, fino al vastissimo mondo dei social network, le immagini occupano una grandissima fetta di quello che è il panorama comunicativo. Questo scenario influenza ovviamente le relazioni tra persone e quindi il modo di approcciarsi agli altri. Gioco forza vuole che, in qualche modo, influenza anche la nostra personalità: nasce così il "posatore".

Il posatore (termine coniato durante un confronto con colleghi e riferito a "colui che posa", all'infuori del concetto abitudinario legato invece al mondo della piastrella) è quella persona che si esibisce in pose plastiche da statua greca, senza che nessuno glielo chieda. Fa la foto del prima e del dopo e qualche volta associa allo scatto frasi o delle citazioni che la maggior parte delle volte stonano tantissimo con il sudore del ritratto. Il posatore è una persona che ha estremizzato il concetto di "comunicazione per immagini". Utilizza il proprio fisico come fosse il suo vocabolario.

Nella favola è particolare il modo in cui i due animali si vedono allo specchio: la volpe è concentrata sul suo "essere interiore"; mentre la pantera si vanta della sua silhouette.

A quel punto, però, la pantera rischia di non vivere più il proprio corpo dall'interno, ma solo come corpo immagine; flessuoso e variegato, certo, ma rimane sempre un corpo -

ovvero il tempio che dovrebbe contenere qualcosa di altrettanto sacro. La pantera della favola commette l'errore di divinizzare le proprie forme, trascurando la propria individualità.

Così facendo, a poco a poco, si perde il contatto con la propria identità.

Gli addominali, il busto o le gambe diventano strumenti su cui puntare tutto quanto. Mentre stiamo attenti a tonificare i muscoli, la nostra personalità diventa sempre più debole.

Perché alcune persone si comportano come la pantera?

Conosci il termine *"linguaggio del corpo"*? C'è chi utilizza principalmente quello, e forse ne distorce anche molto il concetto. Ecco allora che per entrare in relazione con gli altri ci si convince che il modo migliore sia quello di scattarsi un selfie post-allenamento. Queste foto, che a volte ci sembrano anche fin troppo spinte, sono spesso un modo di identificarsi. Per chi ha un disturbo ossessivo legato alla estetica, il mostrarsi a torso nudo è un cartello che vuole richiamare l'attenzione.

"Guardami, io sono qui. Io sono questo!"

Gli apprezzamenti, i like e le condivisioni sono per questa persona la conferma che c'è stato uno scambio, che la relazione si è instaurata. Ma spesso, ovviamente, non è così... Comunicare con tutti significa non comunicare a nessuno.

⇨ Chi vive con un corpo immagine non può essere sereno, perché la serenità è vivere anche assieme al tuo corpo, come una sola cosa. Essere consapevoli dei propri limiti e dei propri difetti, fa parte della bellezza di sentirsi unici. Quando il corpo deve trasmettere un messaggio comunicativo a tante persone, deve necessariamente seguire dei canoni: uguali per tutti. L'autenticità del corpo vivo quindi si annulla. Il rischio è di diventare l'oggetto di sé stesso: come una bella macchina da esporre nella speranza di fare due chiacchiere.

A questo comportamento errato segue un'altra conseguenza: se io compro un'auto e la gente mi ferma per farmi i complimenti sul motore della macchina, una volta terminato l'argomento, la conversazione non avrà più motivo di proseguire. Ergo, la gente se ne andrà. Il posatore non si rende conto che se lui è il primo a pensare al proprio corpo come qualcosa di sganciato da sé, anche gli altri vedranno solo un fisico ben fatto, ma nulla di più. Allora, per rinnovare la relazione il posatore è sempre alla ricerca di nuovi accessori per la sua vettura: un esercizio in più? Uno scatto hot? Un avambraccio più corposo, delle spalle più definite? Ecco che s'innesca il loop delle regole ferree, delle abitudini ossessive, dei compiti rigorosi.

Smettere queste routine potrebbe significare la solitudine, la fine di ogni rapporto. Cosa sarebbe allora di tutto il lavoro fatto finora? Di tutto l'impegno per maturare questa fitta (fragile) rete di relazioni? Questi pensieri intrusivi, a lungo andare, possono tramutarsi in un vero e proprio circolo vizioso, da cui è difficile uscirne. Talvolta, l'estremizzare una concezione identitaria di questo genere può creare seri problemi che spesso si evolvono in un disturbo di personalità o in un dismorfismo corporeo (ovvero la persistente insoddisfazione del proprio aspetto estetico).

I sintomi che di frequente si associano a questi disturbi sono:

- Ansia e preoccupazione per quello che è il giudizio degli altri;
- Abuso del proprio corpo a favore di un'approvazione altrui;
- Dipendenza dal feedback delle altre persone;
- Perdita del senso della propria corporeità (talvolta, con l'insorgenza di disturbi anche di carattere sessuale).

Facciamo però attenzione: coloro che soffrono di questa focalizzazione sul corpo hanno spesso una personalità che non riesce ad esprimersi. Di solito, queste persone sono convinte che il loro pensiero valga molto poco. Pensano che le loro riflessioni non siano sufficienti a sostenere una relazione. Sono spesso fragili. Hanno paura di non essere accettate. Per questo scelgono la via dell'apparire per mantenere un contatto con gli altri. Così facendo, si convincono che l'unico modo per entrare in relazione è quello di sfruttarsi.

Dietro tutto questo si nasconde una grande sofferenza ed un'estrema fragilità.

Aiutare e supportare queste persone è importante. Se conosci qualcuno a te caro che ha un'inclinazione molto forte all'esibizionismo, prova a fermarti un attimo con lui o con lei, interessati della sua vita e ascolta le sue preoccupazioni e i suoi veri desideri. Così facendo scoprirai una persona molto diversa da quella che credevi!

Un lavoro da favola

Cominciamo questo capitolo un po' ostico con leggerezza: ecco, allora, subito tre favole!

Un'abitudine dei marinai è quella di portarsi dietro qualche animale per distrarsi durante il viaggio. Un tale aveva una scimmia. Giunti all'estremità dell'Attica, al Sunio, ecco scatenarsi una terribile tempesta! La nave si capovolse e i passeggeri si salvarono a nuoto. Anche la scimmia si mise a nuotare.

La vide un delfino e, scambiandola per un uomo, la portò verso la terraferma. La scimmia non disse nulla e si finse un essere umano. Quando furono al porto di Atene, chiamato Pireo, il delfino domandò alla scimmia se fosse di Atene. La scimmia rispose di sì; il delfino quindi le chiese se conoscesse il Pireo e quella, credendo si trattasse di un uomo, rispose che era suo amico.

Così, il delfino, accortosi dell'inganno la buttò in acqua e la fece affogare!!

... Seconda favola ...

Un lupo, a capo del suo branco, aveva decretato che tutti i membri dovessero dividere la caccia tra gli altri, così che nessuno morisse di fame. Uno di loro però gli disse: «Molto bene! Allora comincia a farlo tu con la preda che hai catturato l'altro ieri...». E il lupo capobranco, svergognato, si rimangiò subito la sua legge.

Un pescatore che era anche suonatore, prese il suo flauto e se ne andò in spiaggia. Si arrampicò su di uno scoglio e cominciò a suonare una dolce melodia. Era convinto che i pesci sarebbero balzati fuori spontaneamente, anche solo per la bontà dei suoni. Ma per quanto si sforzasse non accadeva nulla. Cominciò allora a lamentarsi dell'insuccesso. Poi tornò ancora a suonare, ma nulla. Ad un tratto, posò il flauto e prese una grossa rete. La gettò in acqua e pescò molti pesci. Mentre li versava sulla spiaggia, quelli saltavano da una parte all'altra della battigia. Allora esclamò: «Ah, brutte bestie! Non ballavate quando suonavo e lo fate ora che ho smesso!?».

Perfetto. Adesso, con calma... possiamo cominciare questo capitolo, ricco di stress, fatica e ferie arretrate! Il lavoro è certamente un argomento delicato. Nella vita di ognuno di noi arriva quel momento in cui occorre fare i conti con... i propri conti, tirare le somme e rimboccarsi le maniche. Ci sono tanti modi per affrontare questo capitolo del nostro libro personale.

... diceva Confucio! Certo è una massima accattivante, che sia possibile è tutto un altro discorso. Insomma, non è facile trovare una buona posizione, che ci faccia alzare la mattina con la voglia di metterci in gioco e tornare a casa la sera con la soddisfazione di aver impegnato in modo proficuo la giornata.

Tuttavia, non bisogna cadere nello sconforto. È vero, forse qualche giorno richiederà maggior impegno, ma perché sacrificarsi per un lavoro che proprio non ci piace?

I fattori sono miliardi, le discriminanti sono infinite: si parla di sogni, di ambizioni, di desideri, ma anche di necessità, di famiglia e di affetti. Non voglio che questo capitolo si tramuti nel siparietto del "tutto è possibile", ma assieme a te vorrei toccare qualche punto, che magari può aiutarti a comprendere come certe situazioni possano modificarsi in modo davvero significativo e migliorare nettamente la nostra esperienza lavorativa.

Iniziamo con il dividere il capitolo per il numero delle favole, quindi in tre. Toccheremo assieme questi argomenti:

1) "P" come presentazione, parlando del delfino e della scimmia;
2) "R" come regole, assieme al branco di lupi;
3) "O" come obiettivi, tramite l'esempio del pescatore con il flauto.

Questi sono tre ingredienti per aspirare ad un lavoro PRO-positivo. Cominciamo!

Come prima cosa, riprendiamo la favola della scimmia e partiamo dalla lettera "P" di presentazione.

Un buon curriculum, un colloquio di lavoro, il primo giorno in ufficio o in cantiere, il nuovo collega che è stato appena assunto... quante volte ci capita di presentarci e quanto spesso dobbiamo fare i conti con "chi siamo" (... quante volte cerchiamo di non pensarci troppo!).

La favola della scimmia ci insegna quanto delicato sia il momento della reciproca conoscenza e di come, un piccolo errore, una scelta sbagliata o una considerazione fuori luogo possano inevitabilmente influire sulle sorti delle nostre relazioni.

Conoscere e farsi conoscere è certamente uno tra i primi step da affrontare a lavoro. Già, ma come farlo in modo concreto ed efficace? ...Consigli? Suggerimenti? Nella mia esperienza ho raccolto una serie di "buone pratiche" che ho sempre trovato utili; per questo le condivido volentieri con te! Quindi ...

3 Consigli utili per presentarsi in un team di lavoro!

1. Pertinenti, **professionali**, unici: che tu stia cercando lavoro, oppure che tu ricopra già una determinata mansione, la prima considerazione da fare è quella di ricordarti chi sei. Questa è la base per trovare un lavoro che davvero ti gratifichi.

Esercitati nel tenerti a mente: sei una scimmia oppure sei un uomo? Lo scimpanzé della favola ha fatto un errore di valutazione, ha azzardato ad apparire quello che non era. Questo atteggiamento è molto faticoso; spesso porta ad accumulare tantissimo stress: mettiti nei panni della scimmia per un attimo - quella tratta era in mare, ma lei stava camminando sui carboni ardenti!

Il nostro lavoro dev'essere un buon abito da indossare; certo non possiamo sperare che si adatti ad ogni occasione o giornata... ma possiamo comunque lavorare perché sia comodo e ci calzi a dovere.

Sempre riguardo al capire chi sei, ricorda che a lavoro ricopri un ruolo, come è un ruolo essere un marito, una moglie o un figlio. Alcuni ruoli li decidiamo, altri sono naturalmente assegnati. Ma questo ruolo, tendenzialmente, lo hai scelto: è il tuo lavoro, quindi allenati a presentarti in modo professionale. Se sei appena arrivato ascolta e sintonizzati sul mood del posto di lavoro: ripulisci il lessico, adattalo al contesto lavorativo ed esercitati nel confronto. L'abito fa spesso il monaco e i primi giudizi sono anche i più difficili da scardinare; con il tempo riuscirai bene a ritagliare il tuo spazio di libertà. Ricorda comunque, anche sul posto di lavoro, di non dimenticarti di te: ognuno indossa la sua divisa in modo differente, essere composti, seri o professionali non significa essere dei robot. Non escludere mai la tua personalità dalla professione che eserciti: piuttosto esercitati ad utilizzarla come risorsa!

2. **Qualità e difetti**: non nascondiamolo, tutti abbiamo pregi e difetti professionali. Non siamo perfetti, ma ciò non significa che non possiamo essere migliori; ognuno di noi ha qualità particolari e specifiche che contribuiscono ad arricchire il posto di lavoro come nessun altro potrebbe fare!

La scimmia della favola ha voluto essere quella che non era, ha cercato di nascondere la propria natura e camuffare i propri tratti. Questo non è corretto e la verità viene spesso a galla... oppure affonda, come nella storia. Sul curriculum, come seduti faccia a faccia con il direttore, oppure banalmente alla macchinetta del caffè con il collega, ricorda: cerca sempre la sincerità. Se una cosa non la sai fare, dillo apertamente; se uno strumento non lo conosci, non nasconderti; se una posizione non ti piace, o se non ti trovi d'accordo con una decisione, non tacere, ma confrontati con professionalità. In ugual modo se una cosa la sai fare, la conosci, oppure hai chiara una certa situazione, è giusto che tu possa esprimerti. È sempre meglio essere fin da subito sinceri, piuttosto che doverci giustificare a seguito di un guaio! Dimostrare che abbiamo capacità e competenze specifiche, di cui magari gli altri sono sprovvisti, non ci farà sembrare degli sbruffoni...

Ricorda che spesso non è cosa si dice che suscita reazioni positive o negative, ma come lo si dice!

3. **Curiosi e propositivi**: quando si cerca un lavoro, come anche al primo giorno e così via fino al giorno della pensione... è giusto mantenere alto il nostro livello di preparazione!

Se la scimmia avesse avuto qualche nozione di geografia, forse non avrebbe scambiato il Pireo per un uomo, anziché per un porto, ed il delfino l'avrebbe traghettata sana e salva a riva... allo stesso modo, coltivare interessi e passioni, oltre ad arricchire regolarmente la propria formazione, può contribuire in modo significativo a migliorare la nostra posizione economica.

Un curriculum ricco e ben strutturato sarà certamente più accattivante di uno spoglio e striminzito; un colloquio di lavoro piacevole e curato nell'esposizione sarà visto molto meglio di un asciutto botta e risposta *"sì/no"*.

Anche a lavoro essere curiosi, interessati e proattivi stimola la ricerca del nuovo, del diverso e quindi del futuro. A chiunque fa bene rimanere sul pezzo, anche a chi aspira ad un lavoro automatico o molto rigido. Essere informati, cogliere le sfumature del quotidiano, capire come e verso quale direzione sta andando il mondo in cui viviamo è un esercizio fondamentale. Pensa solo per un attimo a come internet ha radicalmente modificato le nostre vite. Non correre il rischio di perdere la bussola: se non lo fai, prendi l'abitudine di leggere uno o due giornali la settimana e un buon libro al mese. Dopo poco tempo ti accorgerai di come i tuoi ragionamenti saranno più fini e di quanto i tuoi pensieri si faranno più sofisticati.

In tutto questo, non dimenticarti di sorridere!

Tra gli annunci, se le condizioni te lo consentono, scegli sempre il lavoro che più di attrae. Un lavoro che ti interessa e al quale aspiri ti darà una forte spinta motivazionale e trasmetterai certamente più energia durante un colloquio di lavoro; parimenti, se occupi già una posizione che ti piace, questa consapevolezza ti porterà più brio, energia e sorriderai di più… e questo atteggiamento positivo spontaneamente creerà altre occasioni.

Hai mai sentito dire da qualcuno?

> *"Ecco, ora che ho trovato un lavoro continuano*
> *a farmi proposte, mentre prima neppure una!"*

Non è sempre un caso, la gente attorno a te se ne accorge del tuo umore ed è influenzata dal tuo stato d'animo. Sorridi ed il mondo non solo ti sorriderà, ma cercherà il tuo sorriso. Io, personalmente, avrei molto più piacere a chiacchierare o lavorare con una persona sorridente. Tu, no? Quindi ti do un altro suggerimento... Quando sei al bar dì che stai cercando lavoro, non che non trovi o non hai lavoro: sembra una banalità, ma suona davvero tanto differente per chi ti ascolta!

Sia che tu sia in cerca, sia che tu occupi già una posizione lavorativa, ricorda che a volte una difficoltà può tramutarsi in un grande opportunità di crescita!

Continuiamo il nostro viaggio PRO-positivo nel mondo del lavoro. La seconda lettera è la "R" di regole.

Per farlo, riprendiamo in mano la favola del lupo! Ricordi? Il capobranco decide una regola, ma subito gli viene criticato di essere il primo a trasgredirla. Ma quanto è importante darsi delle regole?

Partiamo dal presupposto che avere delle regole è fondamentale! Un mondo senza regole sarebbe davvero il caos. Le regole ci aiutano ad orientarci, ci danno una direzione ed un metodo: ci fanno sentire sicuri e, direttamente o meno, ci concedono anche tantissime libertà. Da parte nostra c'è sempre un atteggiamento timoroso quando qualcuno dice:

"Qui ci sono delle regole da rispettare"

Tuttavia, se ti fermi un attimo a riflettere, dovunque ci sono delle regole da rispettare. Quindi la prossima volta che qualcuno ci raccomanda: "Qui ci sono delle regole da rispettare", facciamo un bel respiro e pensiamo "Per Fortuna!". Forse la chiave di volta non è interpretare le regole come imposizioni che incatenano, ma capire come queste possano agevolare il nostro lavoro!

Ecco allora 3 consigli utili per darsi delle norme, impostare un buon regolamento, ma soprattutto comprendere se le regole in atto possono essere effettivamente delle risorse. Ebbene, le regole devono essere:

1. **Concrete**: ogni regola deve necessariamente essere compresa. Per esempio, la regola *"Bisogna rispettare i colleghi"* è secondo te una buona regola? Immagino di sì... tutti noi vorremmo essere rispettati sul posto di lavoro e nessuno crede mai di mancare di rispetto al proprio commilitone. Eppure, questa regola... non vuole dire proprio nulla!

O meglio, vuol dire centinaia di migliaia di cose. È imprecisa. Per te "rispettare il collega" può voler dire non fare rumore, per me non interromperlo durante una telefonata, per qualcun altro potrebbe significare che sono vietati gli straordinari. Ognuno è libero di interpretare questa regola secondo le proprie inclinazioni. Dal non lasciare in disordine la scrivania, al lavare sempre la macchinetta del caffè, fino a non tardare al cambio turno. Magari può significare tutto questo, o forse nulla di tutto ciò. Per evitare incomprensioni, bisogna cercare di essere sempre i più espliciti possibili.

Quindi ricorda, prova sempre a calare nello specifico la tua regola: meno sarà interpretabile, più sarà compresa: così eviterai tanti bisticci inutili.

Ma questo vale anche su di te. Fai attenzione: darti come regola del tipo *"Devo essere sempre felice"* oppure *"Devo essere sempre ottimista"* non ha senso che esista. Per questo ti sarà difficile perseguirla... primo perché anche la tua felicità cambia nel tempo, e il tuo essere ottimista varia a seconda delle situazioni; e poi – per quanto possa essere brusco dirtelo - non potrai avere sempre il sorriso a 32 denti. Ciò nonostante, potrai contribuire in modo decisivo alla tua serenità, anche partendo dal darti delle regole specifiche... come ad esempio andare a correre 30 minuti alla settimana, magari sottolineando anche il giorno; oppure decidendo di mettere nel salvadanaio ogni giorno quella somma che a fine anno ti consentirà di comprarti la tv che tanto desideravi... e così via!

2. **Condivise**: questo è un punto focale! Una volta che le regole sono chiare, queste devono essere tendenzialmente condivise!! Allenati al confronto! Cerca di ascoltare i colleghi ed esercitati nel farti ascoltare. Dove è possibile, contribuisci a creare un regolamento comune, perché laddove le regole sono scelte assieme è anche più unito il gruppo che le ha decretate.

Quando il capobranco dei lupi ha imposto una regola al branco, senza interpellarlo, ecco che gli altri lupi hanno subito trovato un escamotage per soverchiare il comando. Essere leader non significa sempre dettare in modo autoritario una condotta. Tantissime volte la migliore dimostrazione del proprio ruolo gerarchico la si dà proprio dimostrando di riuscire a gestire la critica ed il confronto.

Se invece le regole sono già formulate, informati bene su ognuna di esse in modo tale da aver chiaro il tuo campo d'azione e capire se quella che ti viene proposta è un'etica adatta alla tua personalità! Se i lupi decidono che ogni preda va divisa e tu non sei d'accordo, nulla ti vieta di cercare un altro "branco" che fa più al caso tuo!

3. **Modificabili**: avere delle regole non significa rinchiuderci da soli in una prigione e lanciare dalla finestra la chiave! Cerca sempre l'elasticità; il che non significa prendere le regole alla leggera o modificarle ogni volta che cambia il vento; piuttosto non escludere la possibilità di riadattarle qualora sembrino difettive.

Quando ti accorgi che qualcosa non va, non prendere l'iniziativa in maniera isolata. Spesso le difficoltà sono comuni, ma rimangono silenti. Nel sottobosco degli uffici, tra i reparti degli ospedali o sotto qualche mattone nei cantieri, sta nascosta la difficoltà – che spesso sfocia in una ribellione poco strutturata e tante volte contro-producente.

Prova a dichiarare apertamente il tuo problema, coinvolgendo chi ne è interessato. Il mio consiglio? Segui le regole (sempre che non vi sia un'emergenza) fino alla prossima riunione. Lì esponi le tue difficoltà agli altri membri del team. Se è una regola che effettivamente ostacola il lavoro, ti accorgerai che la tua riflessione sarà spesso condivisa dagli altri componenti e quindi potrai modificarla con tutto il gruppo!

PRO-positivo: ci manca la lettera "O". La "O" sta per Obiettivo.

L'obiettivo è lo scopo finale del nostro impegno; è il traguardo, la meta che ricompensa ogni fatica. Psicologicamente parlando ha un valore importantissimo: l'uomo di per sé è un essere sempre proiettato al futuro. Ogni percorso che scegliamo oggi è influenzato dalle nostre aspettative sul domani!

Ogni progetto necessita di un obiettivo!

La favola del pescatore è davvero un bell'esempio di come, a volte, rimaniamo intrappolati nel percorso che ci dovrebbe portare alla meta!

Prima che la disperazione prenda il sopravvento o che lo sconforto ci impedisca di raggiungere il nostro traguardo, cerchiamo di trovare una soluzione a questa gabbia mentale!

Quante volte ti è capitato di non raggiungere un obiettivo? Ti è mai successo di andare in tilt? Di spaccarti per ore ed ore la testa su di un quesito? Andare in confusione per poi trovare la soluzione in pochissimo tempo, solo cambiando le carte in tavola? Accade spesso di scontrarci contro i muri o perdere la speranza.

È proprio in questi momenti che non devi perderti d'animo!

Sul posto di lavoro la situazione non cambia! La vita continua anche quando lavoriamo (eh eh!), ed anzi il nostro posto di lavoro dovrebbe essere uno dei luoghi più soddisfacenti della nostra vita. Se non abbiamo incontrato dei limiti imposti, la professione che esercitiamo l'abbiamo scelta: il suo scopo dovrebbe appagarci e la fatica nel raggiungerlo dovrebbe essere ricompensata pienamente dai risultati! Ma non è sempre così.

Spesso molliamo la presa solo perché il traguardo sembra irraggiungibile. Tante volte ce la mettiamo tutta. Proviamo e riproviamo, ma non riusciamo a raggiungere il risultato. Oppure, ci fissiamo su un metodo e siamo assolutamente convinti che quella sia la strada giusta. Ci intestardiamo e incappiamo in un errore comune: spostiamo l'attenzione dal fine al mezzo! Allora diventiamo tutti pescatori con in mano i flauti. Continuiamo a suonare perché non riusciamo a sganciarci dallo strumento. Forse vogliamo a tutti i costi provare che funziona? E a chi vogliamo dimostrarlo? Forse siamo molto cocciuti? Oppure non riusciamo ad accettare che così proprio non va? Ci sono mille variabili per le quali spesso rimaniamo incastrati nello strumento.

Scegli allora di diventare un osservatore attento e trova i veri ostacoli ai tuoi obbiettivi.

Qual è il metodo migliore per favorire il successo? Io ti propongo gli ultimi 3 consigli. 3 consigli per non andare in stallo e sostenere i nostri obbiettivi!

1. Fai una buona **analisi**. Prima di partire in quarta, ricorda di fare una buona valutazione del tuo obiettivo. Non è prudente mettersi in gioco senza prima aver

letto il manuale delle istruzioni. Delinea bene il tuo scopo, studia accuratamente il campo d'azione e individua i mezzi più adatti. Non si va a pesca con un flauto, o meglio, non sarà di certo il flauto a far abboccare i tuoi pesci!

Tieni sempre a mente che l'obiettivo deve essere raggiungibile. A piccoli passi si arriva lontano, ma cerca di avere sempre chiaro dove stai andando e considera se effettivamente questo traguardo esiste o è fattibile! Ciò non significa limitarsi, ma essere consapevoli di tutti quei fattori e di tutte quelle variabili che potrebbero ostacolare il tuo risultato. Insomma, le nostre fatiche devono essere ripagate! Può anche essere un obiettivo impegnativo, però deve lasciare spazio alla possibilità di essere raggiunto!

Gli obiettivi devono quindi poter essere stimati. Occorre avere un metro di misura con cui valutare il nostro percorso. Questo indice non deve per forza essere quantitativo (cioè basato su calcoli e misure), ma dobbiamo sempre investigare i cambiamenti che ci sono stati - da prima a dopo il nostro impegno. Ci sono stati dei cambiamenti? Una buona analisi ti dà un quadro preciso della situazione e ti dice quanto effettivamente ti stai avvinando alla tua idea di futuro...

2. Tieni a mente l'**obiettivo**. Non dimenticarlo. Può sembrarti banale, ma questo è di certo un consiglio utile per limitare la confusione che fisiologicamente potrebbe venirsi a creare. Rivedere un attimo i tuoi passi può aiutarti a migliorare la flessibilità delle azioni che seguiranno. Certe volte basta davvero poco. Durante il tuo percorso, ogni tanto fermati e domandati se stai facendo la cosa giusta. Stai andando

nella direzione che avevi prefissato? Chiediti, "Sto raggiungendo il mio obiettivo?". Se questo non bastasse, fissa dei piccoli sotto obiettivi, in modo da rendere il tracciato ancora più chiaro;

3. Attenzione ai **tempi**. C'è un tempo per suonare, uno per pescare... ed uno per ballare. Una volta fissato l'obiettivo, stabilisci i tempi che ti occorrono per arrivare al traguardo. Scandisci bene i momenti, struttura in maniera ordinata la strategia. Aiutati con un bel grafico o un crono-programma! Datti dei termini e delle scadenze. Imposta la sveglia e rimani sul pezzo!

In questo modo, non solo riuscirai a organizzare al meglio il tuo impegno, ma riuscirai anche a trovare spazio per i tuoi hobby... come pescare, suonare o ballare! Concedersi dei momenti di svago ti aiuterà a recuperare le redini dei tuoi progetti. Lavorare troppo può metterti in difficoltà, diminuire le tue prestazioni e stressarti eccessivamente. Impara a gestire il tempo prima che il tempo ti gestisca!

Per concludere il capitolo ti propongo due favole

Entrambe trattano di squadra e di gruppo. Argomenti davvero mastodontici ed importantissimi. Il lavoro in team e la cultura della relazione sono variabili che possono incidere ed influenzare in maniera davvero considerevole la tua carriera, ed in generale su tutta la tua vita.

Qui però concludo il capitolo: dopo tutto questo parlare di lavoro vorrai cambiare argomento e le dinamiche di gruppo mi affascinano così tanto che sicuramente le avrò disseminate inconsciamente per tutto il libro ed in tutte le salse. Ne avrai quasi a noia, immagino. Però, credimi, mi stanno veramente a cuore! Allora veniamoci incontro: io ti condivido le due favole, perché secondo me il tema è davvero importante (ok, ora la smetto!), ma non farò commenti. Le riflessioni le lascio a te e se un giorno vorrai ne parleremo insieme, magari davanti ad una macchinetta del caffè!

Due uomini facevano un viaggio assieme. Uno trovò una scure e l'altro disse: «Abbiamo trovato una scure!», ma il primo lo ammonì sostenendo fermamente che era lui ad averla trovata. Dopo poco, li raggiunsero i proprietari della scure, infuriati perché pensavano che il tizio l'avesse rubata.

L'uomo allora disse: «Siamo condannati!», ma l'altro rispose: «No, devi dire che sei condannato. Quando l'hai trovata non hai mica fatto a metà, ora goditela tutta!».

I figli di un contadino non andavano d'accordo; ed egli, per quanto continuasse ad ammonirli, non riusciva con i suoi ragionamenti a correggerli. Pensò, allora, che gli conveniva ricorrere ad un esempio pratico.

Disse loro di portargli un fascio di verghe e questi glielo portarono. Il padre, allora consegnò in mano il fascio ad ognuno dei figli chiedendogli di spezzarlo a metà, ma per quanto ognuno di loro si sforzasse nessuno riuscì a romperlo. Allora consegnò ad ognuno le verghe sfuse, chiedendo loro di spezzarle e i figli ci riuscirono senza nessuna difficoltà.

Così, il contadino disse loro: «Anche voi, figli miei, come le verghe, se sarete uniti nessuno vi spezzerà, ma se litigherete, offrirete a tutti una facile preda!».

Una vita da favola: fatti, non parole.

Esiste una formula per trasformare i sogni in realtà? No.

Caspita, perdonami se sono stato così schietto, ma ho sempre preso con molta serietà la mia professione e tendenzialmente cerco sempre di essere il più responsabile possibile nel rispondere alle domande. E quindi no, non esiste una formula per trasformare i sogni in realtà... però...

Però esistono metodi, tecniche, comportamenti e abitudini, che se compresi, esercitati, allenati ed acquisiti possono radicalmente modificare il nostro stile di vita.

Il penultimo capitolo del libro è quindi un'anfora che raccoglie tante pillole per stimolare il cambiamento.

⇨ Nella vita si cambia sempre, ogni giorno. Anche quando siamo fermi, immobili, quando ci facciamo cogliere impreparati da un evento che ci inchioda, anche quando l'angoscia ci mette le catene, tutto lentamente si muove. Magari non te ne accorgi. A volte sembra che l'orologio non cammini; eppure tutto si modifica, accuratamente, in modo leggero quasi impercettibile. Le lancette girano indipendentemente dalla nostra coscienza. Ci sono poi situazioni dove le lancette sono fulmini ed un giorno dura un secondo, un anno qualche minuto. Ti appoggi al muretto per riprendere fiato e quando riprendi la corsa hai i capelli più bianchi.

Nella vita si cambia sempre, ogni giorno, perché la vita è incastonata nel movimento del tempo. Tu non puoi evitare che tutto questo accada, ma puoi impegnarti per indirizzare il più possibile il cambiamento verso gli orizzonti che senti più tuoi.

Puntare su sé stessi non è sempre facile: fare i conti con la nostra persona è una di quelle questioni aperte, molte volte lasciata in sospeso e che spesso evitiamo, deprezziamo o facciamo conto che non esista. Paradossale vero? Lamentarsi tanto che la vita non vada come la si vuole, senza dedicare un attimo alla domanda:

"Come vorrei essere io?"

Oppure...

"Cosa sto facendo per diventarlo?"

Qua si apre il capitolo del paragone e del parallelo. È naturale che lo sconforto tante volte possa prendere il sopravvento. In alcuni casi è inevitabile. In certe situazioni però, non ce ne accorgiamo e abbiamo davvero molto spazio di manovra. In quei momenti occorre cogliere in mano la vita e non scoraggiarsi.

Qualcuno potrà dirci che è il destino a governare tutto, altri incalzeranno dando la colpa al prossimo, alla politica, al vicino di casa... altri proveranno a convincerci che tanto non c'è più nulla da fare. Se tutto questo stona con la tua voglia di metterti in gioco sappi che già Bandura a fine degli anni '90 aveva denominato questi atteggiamenti "meccanismi di disimpegno morale" ...

Ma prima di parlarti di Bandura, leggiamo insieme questa bella favola:

C'era una volta un tale che raccontava come gli dei avessero fatto affondare un bastimento in cui navigava una persona malvagia! Questi però si lamentava della decisione degli dei, perché per un solo malvagio erano morti anche molti giusti.

Mentre lo raccontava, però, una formica gli morsicò il piede, ed egli — essendo stato pizzicato — schiacciò sotto il piede l'intero formicaio. Gli apparve allora Ermes che gli disse: «Ebbene, non vogliamo dare agli dei il permesso di giudicare gli uomini come questi fanno con le formiche?».

Bella vero? A me piace un sacco. Questo personaggio tanto deciso ad accusare gli altri, quanto schivo nel criticare sé stesso. Ce ne sono molte di persone che preferiscono calunniare il prossimo: puntano il dito verso qualcuno o qualcosa, ma poi? Cosa fanno? A volte nulla, a volte invece commetto errori più grandi (o più maldestri) di quelli che condannano.

Quando poi l'evidenza li coglie, per cavarsela dall'intoppo della responsabilità, utilizzano quelli che Bandura ha chiamato "meccanismi di disimpegno morale". Cosa sono? Stili giustificativi. Se vogliamo scrollarci di dosso una situazione scomoda, quando non vogliamo assumerci la responsabilità di un fatto commesso o di un gesto incompiuto, spesso tendiamo ad argomentare la nostra scelta, non attraverso logiche deduzioni, ma affidandoci a questi escamotage dialettici.

Sono proprio questi meccanismi che regolano di frequente le condotte trasgressive. I bulli a scuola utilizzano regolarmente queste cantilene, sperando che la maestra distratta perda il filo con la realtà dei fatti.

Quali sono i principali meccanismi? Bandura ne individua otto.

Facciamo per un attimo finta che Ermes, nella favola, abbia chiesto al nostro protagonista:

«Ebbene, perché hai schiacciato un intero formicaio?»

Il tale della favola avrebbe potuto rispondere con:

1) Giustificazione morale

«Me lo ha detto Zeus!»

«L'ho fatto per una buona causa»

«La patria me lo domanda!»

2) Etichettamento eufemistico:

«Gli ho solo dato una carezza...»

3) Confronto vantaggioso:

«Cosa sarà mai un formicaio in confronto ad
una nave!»

4) Dislocamento delle responsabilità:

«Sono state le formiche ad istigarmi!»

5) Diffusione delle responsabilità:

«Non ero da solo, c'erano anche tutti questi
signori qui ad ascoltarmi!»

6) Non considerazione o distorsione delle conseguenze:

«Suvvia, non è successo nulla...»

«Non è andata così!»

7) De-umanizzazione della vittima:

«Ma quelle sono solo delle bestie!»

8) Attribuzione della colpa:

Tu come avresti risposto alla domanda di Ermes? Hai già sentito qualche risposta simile a quelle sopra-elencate? Questi meccanismi sono molto molto veloci, per questo è facile utilizzarli (o cascarci!). Quando una condizione è complessa, se un progetto ci sembra troppo difficile o particolarmente rischioso, ecco che queste giustificazioni ci vengono in *"soccorso"*. Ognuna delle otto piroette dialettiche ha come fine ultimo quello di discolparci: olia i meccanismi della responsabilità e la fa scivolare lontano, tanto da non sentirci più in debito verso gli altri, o verso noi stessi.

Ma quando invece la situazione può modificarsi, perché non provarci?

Se tutto fosse davvero già deciso, decretato ed inevitabilmente statuito? Se le cose stessero davvero così, nessuno si lamenterebbe. Se non ci fosse una chance, un'opportunità, un'occasione... che senso avrebbe scoraggiarsi?

Insomma, non ci lamentiamo mica che all'autunno segue l'inverno, oppure che il cavallo nitrisce o che la linfa delle piante e dei fiori sia verde. È così. Basta. Ma quando c'è la possibilità che qualcosa possa modificarsi, allora sì che la lamentazione acquisisce significato. Il nostro corpo ci sta lanciando un messaggio. Ci sta dicendo che così non va, che occorre una sferzata, un giro di prua, un cambio di rotta. Bisogna ascoltarlo. È necessario cogliere i significati del malessere e non fermarsi al pianto.

A volte bisognerà accettare il dolore e conviverci, anche per un periodo non breve di tempo. Soffrire fa parte della vita, come sorridere o innamorarsi. Non è giusto soffocare la sofferenza, ma non è altrettanto sano vivere solamente nell'angoscia. Il rischio è quello di sviluppare un disturbo psicologico, come una depressione, ma soprattutto c'è il pericolo di de-responsabilizzarsi nei confronti di sé stessi. Diventa allora indispensabile una nostra azione attiva ed energica contro il disagio. Si deve rispondere con decisione alle avversità!

La responsabilità verso sé stessi è alla base del cambiamento!!

Forse è molto di più: è ciò su cui si basa gran parte della nostra autenticità. Questo lo ha capito bene, e purtroppo a sue spese, la cicala della celebre favola che segue:

In una giornata d'inverno le formiche stavano facendo seccare il loro grano che s'era bagnato. Una cicala affamata venne a chiedere loro un po' di cibo e quelle le dissero: «Ma perché non hai fatto provvista anche tu, quest'estate?». «Non avevo tempo – disse lei – dovevo cantare le mie belle canzoni!».

«E allora – risposero in coro le formiche – se d'estate hai cantato, adesso balla!»

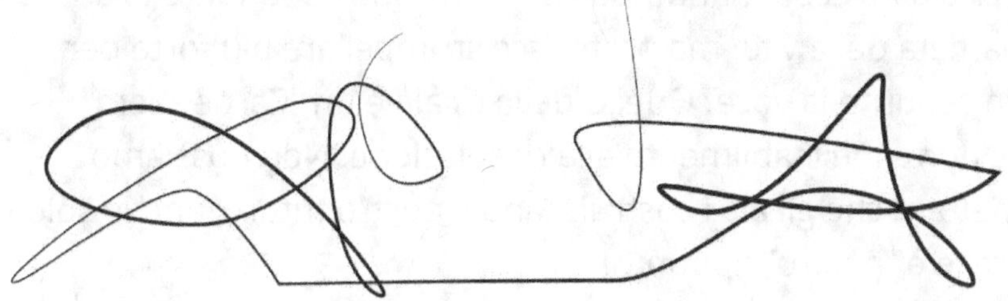

Non è un caso che tra le favole più famose di Esopo vi sia quella della formica e della cicala: una favola sulla responsabilità! Perché vedi, la responsabilità è vista spesso con gli occhi della cicala: come qualcosa di brutto, pensante, faticoso... qualcosa che se la prendono gli altri è meglio. Caspita no! La responsabilità è futuro. Una persona responsabile è una persona che ha un'idea di sé tra una settimana, un mese, un anno... che sa dove vuole andare e come! Una persona responsabile è una persona che sceglie, che a volte sbaglia, ma che si impegna. Ce la mette tutta perché l'inverno possa essere meno rigido, per godere della prossima primavera e decidere cosa fare dell'anno che verrà. Essere responsabili significa darsi valore: dire "Ehi, questa è opera mia!", concedersi un complimento vero per un'azione fatta, per una strada percorsa.

Per questo essere responsabili è estremamente positivo: i frutti si vedono sul lungo periodo e sono sempre molto buoni, decisamente sani, fortemente propri. Pensaci bene, tutti i tuoi grandi traguardi sono incorniciati da una tua presa di posizione. In quei momenti, la formichina che era in te, ha scelto di farsi forza!

La cicala invece rimanda: sa che dovrebbe rispondere alla chiamata della vita, ma preferisce strimpellare più forte per non sentirne la voce. Quello della cicala è un "Carpe Diem" che porta inevitabilmente alla desolazione. Non possiamo aspettare che gli altri costruiscano il nostro futuro, anche solo perché è "nostro" appunto!

Ed anche qualora qualcuno cogliesse la sfida dell'accudirci, tutto ciò che farà per noi sarà sempre molto distante da quello che noi vorremmo per noi stessi. Cogli l'attimo? Certo, fallo: ma per pensare anche a domani, non solo ad oggi. Cogli la sfida dell'essere un progetto vivente, del sentirti partecipe di qualcosa di più grande, che va avanti e che desidera percorrere questo tempo assieme a te.

Allora, farci trovare impreparati sarà, paradossalmente, solo ... nostra responsabilità!

Borea e il Sole si bisticciavano per stabilire chi dei due fosse il più forte! Si sfidarono allora a questo modo: chi tra i due fosse riuscito a tirar via di dosso i vestiti a un passante avrebbe vinto!

Cominciò quindi Borea, che prese a soffiare forte. Ma l'uomo sentendosi addosso quella bufera, si serrò addosso le vesti ancora di più. Sfinito dal vento, penso anche di mettersi un mantello!

Una favola così ci vuole assolutamente avvisare: il cambiamento ha dei tempi naturali, che non sempre sono rapidi e veloci. Certe volte perché le situazioni attorno a noi si modifichino è necessario molto tempo e tanta pazienza.

Fare le cose di fretta, come Borea, non sempre funziona: anzi, spesso è controproducente. Prendere una decisione troppo brusca può metterci nei pasticci o sconsolarci qualora non riuscissimo a prestargli fede. Potrebbe scoraggiarci. Pensa ad esempio a chi vuole perdere subito peso, chi vuole un lavoro perfetto a tempo zero, o a chi pensa di camminare al fianco dell'amore eterno già dalla prima passeggiata del primo appuntamento! Queste scelte sono avventate e spesso ci scottano. Abbiamo invece bisogno dei nostri attimi, delle pause e dei momenti perché tutto possa maturare al meglio.

Per questo, una buona formula può essere quella di creare nuove abitudini.

Le abitudini sono quei codici di comportamento che il nostro cervello mette in moto automaticamente; tutto questo è molto vantaggioso perché riduce notevolmente i nostri sforzi intellettivi. Pensa ad un attimo alla routine della mattina.

Cosa fai quando ti alzi? Magari spegni la sveglia, ti alzi, vai in bagno, metti a bollire la caffettiera e leggi le notizie dei quotidiani. Ti fai la doccia, ti lavi i denti, apri l'armadio e prendi i vestiti, sempre quelli sulla sinistra magari. Ecco, tutto questo lo fai tendenzialmente senza pensarci. Qualcosa di simile ci capita anche quando facciamo la strada per tornare a casa: delle volte non ce ne accorgiamo e siamo già sulla soglia. Le abitudini ci consentono di indirizzare le nostre energie su altro.

Tutto questo ovviamente ha dei pro e dei contro.

Pensiamo ad esempio ai fumatori; anche la sigaretta può tramutarsi in un'abitudine. Oppure il mangiare fuori dai pasti o bere in modo eccessivo. Persino un attacco di panico può essere l'abitudine ad un determinato evento scatenante. Ecco che allora occorre trovare il modo per sfruttare al meglio la risorsa "abitudine" e portarla a nostro vantaggio, senza diventarne succubi... come? Beh, prima di tutto ti racconto a grandi linee come funziona un'abitudine e poi proveremo ad applicare questo schema ad una situazione reale!

Le abitudini sono formate tendenzialmente da:

1. Un segnale: ovvero uno stimolo ambientale o meno che fa scattare il comportamento;
2. La routine: quindi l'abitudine in sé, fatta e finita;
3. Il momento della gratificazione: quindi, quel momento in cui la nostra abitudine è stata portata a termine con successo e in cambio riceviamo un premio!

Facciamo un esempio: siamo persone sportive e tutti i fine settimana andiamo a correre. Il nostro segnale? Il timbro sul cartellino quando è venerdì. Ecco, una volta fuori dall'ufficio scatta la routine... ci infiliamo i pantaloncini e le scarpe da ginnastica. Senza pensarci ci dirigiamo verso la strada sterrata che ci piace tanto e cominciamo a correre, quasi senza fatica, come se nulla fosse. Al termine della corsa siamo affaticati, certo, ma decisamente felici: abbiamo scaricato tutto lo stress lavorativo della settimana e siamo pronti a goderci il week-end! Questa è la nostra gratificazione.

Ma come siamo arrivati a questa routine? Con molto impegno.

Questo è il segreto: occorre tanta forza di volontà. Ogni nostra prima volta richiede un po' di fatica: da bimbi, leggere e scrivere non era così facile; imparare a fare retro in macchina per un neopatentato può tramutarsi in un'impresa eroica. Truccarsi, cucinare, fare il bucato, praticare uno sport o parlare in pubblico: ogni cosa necessita uno sforzo da parte nostra, soprattutto quando siamo alle prime armi.

Ricorda, il nostro cervello cerca sempre qualche piccolo escamotage per ridurre il carico di spesa energetica: a noi è data la scelta di dove orientare questa sua strategia. Possiamo decidere di impegnarci a creare i presupposti per una buona abitudine, o possiamo affidarci al caso: ma poi non lamentiamoci!

Le abitudini, quelle che vogliamo o vorremmo, si conquistano sul campo!

Come? Visto che sei quasi alla fine del libro direi che è un esempio abbastanza superfluo, ma è giusto per renderti l'idea. Facciamo finta che tu voglia cominciare a leggere di più!

1. Prima di tutto ti occorre un **segnale**: devi scegliere un tempo, un momento, un avviso che ti aiuti a rendere automatica la scelta della lettura. Potresti ad esempio decidere di leggere sempre ad uno stesso orario, oppure quando ti trovi in un determinato luogo (come ad esempio in treno); ti occorre qualcosa che in un futuro possa risuonarti dentro come un campanello che ti avvisi e dica "Ehi, adesso leggiamo un po'!"
2. Una volta capito quale può essere un buon momento e uno segnale positivo, scegli un **obiettivo raggiungibile**. Non partire subito volendo leggere mille pagine, e neppure i filosofi della fenomenologia novecentesca. Dai al cervello e al corpo la possibilità di allenarsi in maniera graduale. Ricordi cosa ci siamo detti poco fa? Occorre dare spazio al cambiamento...
3. Scegli un modo per gratificarti. Ogni volta che leggi, concediti un piccolo **premio**: una caramella alla fine? Una buona tazza di tè? Una passeggiata? Un riposino ristoratore? Anche leggere un buon libro di per sé è estremamente gratificante! Decidi con cura quale sarà il tuo premio e ricorda di goderne sempre alla fine della lettura; non aspettare troppo... altrimenti non ricollegherai mai l'abitudine del leggere alla ricompensa finale!

Per comprendere le tue abitudini devi capire bene questo schema. Un modo per aiutarti a riconoscerle? Usa magari un diario, aiutati scrivendo cosa accade ogni volta che metti in moto un comportamento automatizzato. Rileggendolo dopo qualche tempo, scoprirai che ci sono diverse variabili simili ogni volta che applichi la stessa routine. È su quei punti che

devi lavorare se vuoi migliorare la tua performance,
mantenerla, oppure modificarla!

Infine, parliamo di limiti!

Una tartaruga e una lepre continuavano a far discussioni sulla loro velocità. Finalmente, fissarono un giorno per gareggiare. Scelsero un punto di partenza e presero il via.

La lepre, data la sua naturale velocità non si preoccupò della corsa: si buttò sul ciglio della strada e si addormentò.

La tartaruga, invece, consapevole della sua lentezza, non cessò di correre, e così, passando davanti alla lepre che dormiva, raggiunse il traguardo per prima!!

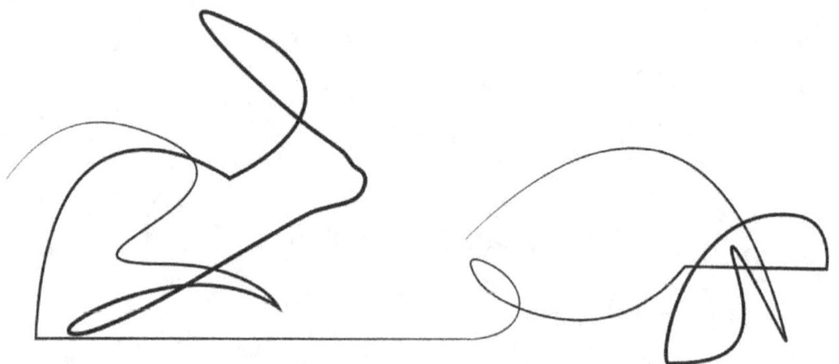

Con questa splendida favola si conclude il capitolo del cambiamento: parlando di limiti.

È importante, soprattutto nel nostro tempo, dedicare una riflessione ai limiti. I limiti esistono, ci sono e fanno parte della nostra vita. Ognuno di noi ha specifici limiti personali: alcuni sono fatti per essere superati, ma altri fanno parte della nostra natura.

Guarda la tartaruga: non può correre più della lepre, non può pensare di batterla in velocità. La tartaruga fa qualcosa di meglio, cosa che invece la lepre non riesce ad elaborare: la tartaruga soffoca la propria arroganza. La tartaruga non ha scelto un'andatura più veloce, non si è sforzata di battere le sue barriere: ha scelto di accettarle.

Il vero traguardo della tartaruga sta nel suo senso d'accoglienza e nell'accurata analisi che lei stessa fa del suo essere limitata. Questo grado di consapevolezza però non la blocca, bensì la trasforma: i limiti non ci frenano, ci delineano.

I limiti ci danno forma, ci arricchiscono di punti e di linee. Fanno sì che noi stessi possiamo riconoscerci tra tanti.

È proprio dal senso del limite che germoglia la nostra curiosità per ciò che ci circonda: fragilità, confini, barriere sono petali delicati che racchiudono il pistillo della nostra intimità. Delimitato dalla corolla, nasce il fiore dello stupore, colorato d'entusiasmo ed impreziosito dal profumo di conoscenza. Così, ogni bocciolo si apre al prato primaverile della terra - seguendo le regole alchemiche dell'Amore, dell'amare e dell'essere amati. Così un limite si trasforma.

In una società sempre più aggressiva, che sembra voglia spezzare i confini dell'essere umano, ho pensato fosse particolarmente importante condividere assieme a te una riflessione su quanto sia invece bello e delicato concedersi delle proporzioni, delle misure, dei contorni. In un tempo che spinge a superare sé stessi, la tartaruga ci vuole insegnare ancora adesso – dopo 2500 anni – a camminare a fianco del nostro io... Perché quando hai superato te stesso, che cosa ti rimane?

Forse è più saggio conoscersi, studiarsi, capirsi; chiudere gli occhi e concedersi l'opportunità del silenzio, offrirsi l'occasione di una parentesi di serenità, disubbidendo ai vortici caotici che spesso vogliono intossicare il ritmo naturale del mondo. Quando allora riusciremo a cogliere chi siamo, potremmo anche scegliere con più accuratezza dove vogliamo andare: senza lasciarci trascinare dal pregiudizio o dalla superbia, ma camminando al tempo dei nostri passi, gustandoci il cammino verso il nostro personale infinito!

Il nostro traguardo. Un'affascinante vita da favola.

Conclusioni. Una vita da favola?

Le favole di Esopo sono volutamente brevi e veloci e forse io ho fatto un torto al poeta dilungandomi per più di 200 pagine...

Quindi, per scusarmi, ecco le mie brevi conclusioni...

Ricordi come abbiamo cominciato assieme il libro? Esopo: orfano, brutto, schiavo. Poi il successo, ma poco dopo la morte.

Con la sua storia e le sue opere, Esopo ci ha lasciato una traccia importante. L'esperienza vissuta si trasforma in scrittura. Tra le rime e le strofe, il poeta ha giocato a raccontarci la meravigliosa avventura del vivere quotidiano: con le sue sfumature romantiche, i suoi lati oscuri e gli incredibili momenti di gioia e di dolcezza.

Le sue favole sono come tante lanterne: ognuna fa luce su punti diversi; alcuni ricchi di doni, altri tanto crudi che non li avresti mai voluti incontrare. Eppure, ci sono! Le giornate di sole, come il maltempo; le ore passate a sorridere, come le serate di pianto: tutto questo arricchisce il nostro passaggio sulla terra.

In conclusione, possiamo dire che Esopo abbia vissuto una vita da favola? Forse no. Ma certamente ha trasformato la sua vita in una vera e propria Favola con la "F" maiuscola.

La morale di tutto questo la lascio trovare a te!

Bibliografia Essenziale

American Psychiatric Association (APA) (2013). *Diagnostic and statistical manual of mental disorders* (5th ed., DSM-5™). Washington, DC.

Andreani Dentici, O. (2001). Intelligenza e creatività. *Carocci Editore*. Roma.

Anolli, L., & Legrenzi, P. (2016). Psicologia Generale. *Il Mulino*. Bologna.

Arciero, G. (2002). Studi e dialoghi sull'identità. *Bollati Boringhieri*. Torino.

Arciero, G. (2006). Sulle tracce di sé. *Bollati Boringhieri*. Torino

Arciero, G., Bondolfi, G. (2012). Sé, identità e stili di personalità. *Bollati Borighieri Editore*. Torino.

Argentero, P., & Cortese, C. G. (2016). Psicologia del lavoro. *Raffaella Cortina Editore*. Milano.

Aristotele (IV sec. a.C.). Problema XXX. Saggezza, intelletto, sapienza [Trad. it. a cura di Carbone, L. (2011)]. *Duepunti*. Palermo

Aristotele (IV sec. a.C.). Retorica [Trad. it. a cura di Donati, M. (1996). *Mondadori*. Milano.

Bauman, Z. (2018). La vita in frammenti. La morale senza etica del nostro tempo. *Castelvecchi*. Roma.

Barnes, J. (1984). The Complete Works of Aristotle, vol.2. *Princeton University Press. Princeton.* N.J. [Trad. it. (2002) Aristotele. *Einaudi.* Torino.].

Barone, L. (2009). Manuale di psicologia dello sviluppo. *Carocci Editore*. Roma.

Buss, David, M. (2016). Psicologia Evolutiva – quinta edizione. *Pearson Italia*. Milano.

Camaioni, L.; & Di Blasio, P. (2013). Psicologia dello sviluppo. *Il Mulino*. Bologna.

Clark, T., Osterwalder, A., Pigneur, Y. (2014). Business model you. Il metodo in una pagina per reinventare la propria carriera [Trad. it. a cura di Centenaro, R., Spagnolo, R.]. *Hoepli*. Milano.

Colucci, F. P. (2005). Kurt Lewin: la teoria, la ricerca, l'intervento. *Il Mulino*. Bologna.

De Leo, G., Pierlorenzi, C., Scribano, M. (2000). Psicologia, etica e deontologia. Nodi e problemi della formazione professionale. *Carocci Editore.* Roma

Duhigg, C. (2017). Il potere delle abitudini. Come si formano. Quanto ci condizionano. Come cambiarle. *Tascabili degli Editori Associati S.r.l.* Milano.

Esopo (VI sec. a. C.). Favole. [Trad. it. a cura di Ceva Valla, E. (1976). Esopo. Favole. *RCS Rizzoli Libri S.p.A.* Milano].

Fava Vizziello, G., Calvo, V., Simonelli, A. (2003). Sicurezza e insicurezza dell'attaccamento nella prima infanzia in una prospettiva interculturale. *Età Evolutiva*, 75, 36-50.

Flaubert, G. (1881). Madame Bovary. [A cura di Bogoglio, G., Achille, G. (2003)]. *BUR Biblioteca Unica Rizzoli*. Milano.

Frabboni, F., Montanari, F. (2010). Relazioni e valori nel mondo giovanile. *Franco Angeli.* Milano

Freud, S. (1905). Drei Abhandlungen zur Sexualtheorie. [Trad. it. a cura di Marietti, A. M., Colorni, R. (2012). Tre saggi sulla teoria sessuale. Al di là del principio del piacere. Ed. Integrale. *Bollati Borighieri Editore*. Torino].

Freud, S. (1913). Totem und Tabu: Einige Übereinstimmungen im Seelenleben der Wilden und der Neurotiker. [Trad. it. a cura di Daniele, S., Panaitescu, E. A. (2011). Totem e tabù. Psicologia delle masse e analisi dell'io. *Bollati Borighieri Editore*. Torino].

Freud, S. (1920). Jenseits des Lustprinzips. [Trad. it. a cura di Marietti, A. M., Colorni, R. (2012). Tre saggi sulla teoria sessuale. Al di là del principio del piacere. Ed. Integrale. *Bollati Borighieri Editore*. Torino].

Freud, S. (1901). Zur Psychopathologie des Alltagslebens. [Trad. it. a cura di Piazza, C. F., Ranchetti, M., Sagittario, E. (2012). Psicopatologia della vita quotidiana. Ediz. Integrale. *Bollati Borighieri Editore*. Torino].

Galimberti, U. (2018). La parola ai giovani. Dialogo con la generazione del nichilismo attivo. *Feltrinelli*. Milano.

Galimberti, U. (2017). Le cose dell'amore. *Universale Economica Feltrinelli*. Milano.

Galimberti, U. (2016). Psiche e techne. L'uomo nell'età della tecnica. *Universale Economica Feltrinelli*. Milano.

Gatti, D., Grossi, F., Luongo, S., Mantese, C., Marino, G., Pietra, C. (2017). Cara Dipendenza – La droga attravererso gli occhi di un ragazzo. *CreateSpace Independent Publishing Platform*

Hansell, J., Damour, L. (2008). Psicologia clinica. *Zanichelli ed.* Bologna.

Heidegger, M. (1927). Sein und Zeit. [Trad. it. a cura di Marini, A. (2011). Essere e tempo. *Mondadori*. Milano].

Herpertz-Dahlmann, B. (2009). Adolescent eating disorders: definition, symptomatology, epidemiology and comorbidity. *Child adolescent Psychiatric Clinics of North America*, 18: 31-47.

Hudson, J. I., Hiripi, E., Pope, H.G., & Kessler, R. C. (2007). The prevalence and correlates of eating disorders in the National Comorbidity Survey Replication. *Biological Psychiatry*, 61(3), 348–358

Kahneman, D. (2014). Pensieri lenti e veloci. *Mondadori*. Milano.

Lavender, J. M., Brown, T. A., & Murray, S.B. (2017). Men, muscles and eating disorders: an overview of traditional and muscularity-oriented disordered eating. *Current Psychiatry Reports*, 19(6), 32.

Lecce, S., Cavallini, E., & Pagnin A. (2010). Teoria della mente nell'arco di vita. *Il Mulino*. Bologna.

Liccione, D. (2011). Psicoterapia Cognitiva Neuropsicologica. *Bollati Borighieri Editore*. Torino.

Liccione, D. (2012). Casi clinici in psicoterapia cognitiva neuropsicologica (Nuovi pensieri). *Libreria universitaria*. Torino.

Mariani, U., Schiralli R. (1996). Le emozioni fanno crescere. Come rendere autonomi e sicuri i nostri figli. *Oscar Mondadori*. Milano.

Merleau-Ponty, M. (1945). Phenomenologie de la Perception, Gallimard, Paris [trad. it. di Rovatti, P. A. (2005). Fenomenologia della percezione. *Bompiani*. Milano].

Nardone, G. (2018). Psicotrappole, ovvero le sofferenze che ci costruiamo da soli: imparare a riconoscerle e combatterle. *Ponte alle Grazie*. Milano

Nardone, G., Salvini, A. (2013). Dizionario Internazionale di Psicoterapia. *Garzanti Libri S.p.a.* Milano

Panksepp, J., Biven, L. (2012). Archeologia della mente. Origini neuroevolutive delle emozioni umane. *Raffaello Cortina Editore*. Milano.

Perani, D., Bressi, S., Cappa, S. F. et. Al. (1993). Evidence of multiple memory systems in the human brain. A (18F). FDG PET metabolic study. *Brain*, 116, 903-919.

Pietronilla Penna, M., Pessa, E. (2000). Manuale di scienza cognitiva. Intelligenza artificiale classica e psicologia cognitiva. *Laterza*. Roma-Bari.

Platone (IV sec. a.C.). La Repubblica [Trad. it. a cura di Vegetti, M. (1999). *Editori Laterza*. Roma-Bari].

Ricoeur, P. (1986). Du texte à l'action. Essais d'hermenétique. Seuil, Paris [Trad. it. a cura di Grampa, g. (2013). Dal testo all'azione. Saggi di ermeneutica. *Jaca Book*. Milano].

Treasure, J., Claudino, A. M., Zucker, N. (2010). Eating Disorders. *www.thelancet.com*, vol375.

Vallar, G., & Papagno, C. (2007). Manuale Di Neuropsicologia: Clinica Ed Elementi Di Riabilitazione. *Il Mulino*. Bologna.

Vattimo, G. (2003). Introduzione ad Heidegger. *Editori Laterza*. Roma - Bari.

Watzlawick, P., Nardone, G. (1997). Terapia strategica breve. *Raffaello Cortina Editore*. Milano.

Zamperini, A. (2002). Psicologia sociale della responsabilità. Giustizia, politica, etica e altri scenari. *UTET Liberia Srl*. Torino.

Zimbardo, P. (2008). L'effetto Lucifero. Cattivi si diventa? *Raffaello Cortina Editore*. Milano.